Maria Lúcia Castanheira

CB061459

APRENDIZAGEM CONTEXTUALIZADA:

Discursos e inclusão na sala de aula

2ª edição

1ª reimpressão

Ceale* Centro de alfabetização, leitura e escrita
FaE / UFMG

autêntica

PROJETO GRÁFICO DA CAPA
Marco Severo

REVISÃO
Maria de Lourdes Costa de Queiroz (Tucha)

Editoração eletrônica:
Eduardo Costa de Queiroz

AUTÊNTICA EDITORA LTDA.
Rua Aimorés, 981, 8º andar. Funcionários
30140-071. Belo Horizonte. MG
Tel.: (55 31) 3222 6819
Televendas: 0800 283 13 22
www.autenticaeditora.com.br

Castanheira, Maria Lúcia.
C346a Aprendizagem contextualizada : discurso e inclusão na sala de aula / Maria Lúcia Castanheira. – 2. ed. 1. reimp. – Belo Horizonte : Ceale ; Autêntica, 2010.

192 p. – (Coleção Linguagem e Educação ; 11)
ISBN 978-85-7526-133-0

1. Análise do discurso. 2. Educação. 3. Inclusão. 4. Aprendizagem. I. Título. II. Coleção.

CDD – 418

Catalogação da Fonte : Biblioteca da FaE/UFMG

Para Julio, Tiago, Matheus e Ana Izabel,
por serem quem são em minha vida.

Para os amigos,
com quem vivencio a colaboração e a solidariedade
em processos de trabalho e criação.

A edição deste livro só foi possível graças ao apoio institucional que recebi na elaboração da pesquisa. Sou grata à CAPES (0981/95-8), pela bolsa de estudos que me concedeu, bem como à Spencer Foundation, pelo auxílio. Ao Centro de Alfabetização, Leitura e Escrita (Ceale), pelo suporte no processo de tradução e organização deste livro. A Ântonio Augusto Gomes Batista (Dute) e a Ceris S. Ribas da Silva, pela contribuição decisiva para que este livro, enfim, se tornasse realidade. A Judith L. Green, Carol Dixon e Greg Kelly, pelos desafios que me apresentaram e pelo apoio que me deram para que eu pudesse enfrentá-los. A Beth Yeager e a seus alunos, pela acolhida e pelas possibilidades de aprendizagem que tive durante o nosso convívio. A Magda Becker Soares, por ter iniciado essa história e incentivar a sua publicação. A Elânia de Oliveira, Flávia Helena Carneiro e Sara Mourão Monteiro, por se disporem a ler as primeiras versões deste texto em português. A Graça Costa Val, pela revisão de alguns capítulos e pelas conversas à sombra do caramanchão. A Tucha, por seu trabalho cuidadoso de revisão e pelo esforço para concluí-lo em tempo tão curto.

Sumário

Sumário

Introdução

Este livro apresenta os resultados de um estudo etnográfico focalizado, desenvolvido em uma sala de 5ª série bilíngüe (espanhol e inglês) de uma escola pública da cidade de Santa Bárbara, no Estado da Califórnia, nos Estados Unidos. Ao considerar a aprendizagem individual como um processo inserido em oportunidades de aprendizagem construídas pelos participantes de sala de aula, procurei atingir dois objetivos complementares e inter-relacionados. O primeiro deles foi examinar como as oportunidades de aprendizagem foram discursivamente criadas por membros dessa 5ª série, ao definirem os papéis e as relações, as normas e as expectativas, e os direitos e as obrigações para participação no grupo. O segundo objetivo consistiu em examinar as conseqüências epistemológicas da adoção de diferentes ângulos analíticos, definidos a partir de uma abordagem teórico-metodológica particular, a etnografia interacional, para o estudo das práticas discursivas em sala de aula.

Alguns dos motivos que me levaram a decidir a realizar o estudo nessa sala de aula de 5ª série são apresentados no capítulo 3. Entretanto, gostaria de destacar que tal decisão se deveu predominantemente a informações sobre as características do trabalho desenvolvido pela professora com seu grupo de alunos, reconhecido pela comunidade escolar e por pesquisadores (Floriani, 1997; Franquiz, 1995) como favorecedor da aprendizagem e inclusão de alunos de diferentes culturas e com histórias escolares marcadas por dificuldades de aprendizagem. Para ilustrar esse aspecto, apresento textos produzidos por dois alunos considerados "disléxicos[1] sobre sua experiência como participantes nessa sala de aula.

Ao longo do ano, os alunos dessa turma produziram textos sobre sua vida de estudantes, sobre o seu engajamento em práticas de leitura e escrita e sobre o tipo de comunidade que ajudaram a construir durante o ano escolar. Dois desses textos foram produzidos no início do ano letivo: "Minha Comunidade da 4ª série," produzido no segundo dia de aula, e "Eu como leitor" produzido na segunda semana de aula. Outros textos, como "Eu como aprendiz" e "Minha comunidade," foram produzidos ao final do ano escolar. Os textos apresentados no Quadro 1 foram selecionados para que se possa contrastar as maneiras como os alunos identificados como disléxicos vivenciaram e descreveram a inclusão deles em sala de aula.

Os dois primeiros textos, apresentados no Quadro 1, "Comunidade de 4ª série" e "Minha Comunidade," foram escritos por Abel, aluno considerado disléxico e que retornava a escola pesquisada após freqüentar, por dois anos, outra escola da cidade. O contraste entre esses textos produzidos por esse aluno exemplifica como a inclusão pode ser vivenciada por estudantes na sala de aula. No texto produzido no início do ano, Abel explicita seus sentimentos como aluno de 4ª série e ressalta que essa experiência foi problemática, embora tenha participado de festas e passeios ao longo do ano.

---

[1] Diversas são as abordagens adotadas na definição das causas e da identificação do que poderia ser considerado *dificuldades de aprendizagem* No caso específico deste estudo, adotou-se a definição e a identificação oferecidas pela escola. Em decorrência disso, optei por utilizar a expressão "dificuldades de aprendizagem" ou a palavra "disléxico" entre aspas, para destacar que essa designação ou classificação dos sujeitos desta pesquisa não foi estabelecida por mim.

QUADRO 1
Alunos "disléxicos" e inclusão em sala de aula: contrastando pontos de vista

Comunidade de 4ª série 10 de setembro de 1996 Abel	Minha comunidade 30 de maio de 1997 Abel
Professora Beth Eu não gostei da escola no ano passado. Eles me incomodavam muito. Nós fomos jogar boliche todas as quintas e toda sexta nós fomos ao parque jogar futebol. E nós tivemos festa todas as segundas. E o meu professor era o Sr. Lee. E era uma comunidade grande e eles fizeram uma grande venda de livros e deram matemática, ciências e estudos sociais.	Minha comunidade é como uma família. ela é assim porque estamos juntos. Quando eu cheguei aqui no início do ano, eu não sabia o que era uma comunidade e agora que meus professores me mostraram o que é uma comunidade, eu sei o que é uma comunidade. Eu os conheço como se os conhecesse toda a minha vida. Minha comunidade é como uma parte de mim. É como uma parte do meu coração. Se eles são insultados, isso me machuca.Neste ano eu aprendi que nós somos uma comunidade. Eu não os conheço há muito tempo, mas eu gosto de ser amigos deles. No ginásio, eu vou pensar sobre eles como meus melhores amigos, mas lá vai ser tão diferente daqui... Eu não briguei com ninguém desde o início de abril, e minha comunidade fez isso acontecer. Eu estou orgulhoso de mim e de minha comunidade.Muito obrigada.
Eu como leitor 17 Setembro de 1996 Bill	Eu como aprendiz 15 de maio de 1997 Bill
Algumas coisas são difíceis para mim porque algumas vezes eu não posso pronunciar as palavras. Mas quando as palavras são fáceis porque essas são legais eu gosto de ler. Eu gosto de ler livros e Roy Rogers são divertidos.	Eu aprendi que você pode errar. Eu posso aprender com os erros em matemática, quando eu leio e respondo perguntas. Eu aprendi que você pode corrigir seus erros. Você pode aprender lendo e errando uma palavra e você pode aprender com isso. Quando o professor fala, "leia as perguntas 1, 2, 3, 4 e responda", você pode aprender respondendo às perguntas. Eu aprendo melhor quando se pode cometer erros e aprender com eles.

Em seu texto sobre a comunidade de 5ª série, produzido ao final do ano letivo, Abel afirma que teve oportunidadede experimentarum tipo diferente de interação com seus colegas e professores durante aquele ano escolar. Enfatizou em sua escrita que, duranteaquele ano, havia aprendidoo significado de uma comunidade, indicando que, para ele, inclusão em uma turma seria caracterizada por laços de amizade entreseus participantes,o que fazia com que se sentissecomo parte de uma família. Como enfatizou no último parágrafo de seu texto, sua comunidade de 5ª série tornou possível que ele evitasse brigas durante os últimos meses de escola (entre abril e meados de junho). Essa experiência o fez sentir-se orgulhoso de si mesmo e de sua comunidade.

Os outros dois textos apresentados no Quadro 1 foram produzidos por outro aluno "disléxico", Bill. Em seus textos, Bill nos permite ver outra faceta do que pode significar inclusão em uma sala de aula. Refletindo sobre sua história como leitor, no início do ano, Bill destacou suas dificuldades com as palavras e sua preferência por ler palavras fáceis. Ao final do ano, ao ser solicitado a escrever sobre sua história como aprendiz na 5ª série, Bill destacou sua descoberta de que uma pessoa pode cometer erros, corrigi-los e aprender nesse processo. O uso do pronome "você" na primeira sentença do seu texto sugere que havia compreendido que cometer erros é algo que acontece com todo mundo em uma sala de aula, inclusive ele.

Sua descrição de como ele poderia aprender a partir dos seus erros indica que o processo de aprendizagem envolve participar em sala de aula como todo mundo, desenvolvendo as mesmas atividades propostas pela professora a todos os outros alunos. "Quando a professora fala 'leia as questões 1, 2, 3 e 4 e responda', você pode aprender dando respostas às perguntas", ele descreve. De acordo com ele, a melhor maneira para ele aprender era quando lhe era permitido cometer erros. As afirmações de Bill são significativas se considerarmos que um aluno com dificuldades de aprendizagem evita demonstrar dúvidas ou cometer erros para que ser visto como os demais colegas e, dessa maneira, se tornar parte do grupo. A aprendizagem de que cometer erros faz parte do processo de aprender é, então, se reconhecer como um aprendiz – assim como outros – e se ver incluído como outros em uma turma de escolar.

Os textos apresentados acima servem como exemplo dos aspectos que me levaram a optar por realizar este estudo nessa sala de aula para investigar de que forma as oportunidades de aprendizagem foram discursivamente construídas por participantes – professora e alunos – durante o ano escolar.

Na realização deste estudo, explorei diferentes ângulos de análise para a produção e apresentação de "casos expressivos"[2] representativos de como ações individuais são coordenadas com ações dos outros participantes da sala de aula. O primeiro desses ângulos analíticos possibilitou o exame dos processos discursivos de construção de "eventos interacionais em sala de aula" – tal como os concebem Bloome e Bailey (1992) –, dando suporte à identificação dos tipos de "oportunidades para aprendizagem" (cf. Tuyay; Jennings; Dixon, 1995), a que os participantes tiveram acesso em cada um dos eventos analisados e à caracterização do que era necessário para ser membro da sala de aula estudada. Essa análise focou os momentos iniciais da construção da comunidade de 5ª série bilíngüe observada.

O segundo ângulo analítico examinou como uma atividade proposta pela professora foi discursivamente construída por dois alunos, um considerado pela instituição como "superdotado" e o outro identificado como "disléxico". A construção desse ângulo de análise também envolveu duas etapas. A primeira consistiu em identificar a "perspectiva referencial" (cf. Werstch, 1991), construída no plano coletivo da sala de aula, em conseqüência de suas interações entre os participantes. A segunda etapa envolveu o exame de como essa dupla de alunos realizou uma tarefa que lhes foi proposta, redefinindo, nesse contexto interacional, os papéis e relações,

[2] "Caso expressivo" é a tradução que estou adotando do conceito de *telling case*, formulado por Mitchell (1984). Esse conceito se refere a narrativas de casos etnograficamente identificados de maneira pormenorizada e refinada, de forma a evidenciar as condições semióticas e sociais de sua ocorrência e fornecer elementos para a produção de inferências teóricas necessárias à construção de conhecimento sobre determinado tema.

as demandas e expectativas, os direitos e os deveres que orientavam sua participação na turma.[3]

Este estudo consistiu de coleta de dados sistemática durante o período de um ano escolar e um segundo ano de análise e organização conceitual, mediante interações com a professora da turma estudada e com outros pesquisadores. Os dados coletados por meio do processo etnográfico foram explorados para conduzir uma análise conceitual da relação entre indivíduo e grupo e examinar as conseqüências dessa relação para a construção de oportunidades de aprendizagem em sala de aula.

O livro está organizado em seis capítulos. No primeiro, forneço uma introdução ao estudo por meio do desenvolvimento de uma discussão a respeito da aprendizagem como processo social. No capítulo 2, apresento o referencial teórico-metodológico explorado no desenvolvimento deste estudo e discuto os conceitos centrais que guiaram a concepção, a análise e a apresentação dos dados. No capítulo 3, apresento informações sobre a sala de aula estudada e seus participantes, as escolhas metodológicas feitas no processo de coleta e análise dos dados, informações gerais sobre características dos procedimentos analíticos adotados, pertinentes à abordagem etnográfica.

Nos capítulos 4 e 5, apresento "casos expressivos" e a lógica de indagação que informou a orientou a constituição de cada um deles. O capítulo 6 contém uma discussão, à luz dos

---

[3] Um terceriro ângulo analítico explorado permitiu focalizar as ações realizadas pelos participantes em relação ao que estava acontecendo no plano coletivo da sala de aula. A construção desse ângulo de análise, no qual o indivíduo-no-grupo se torna a unidade analítica, envolveu dois momentos analíticos. Num primeiro momento, foram identificadas as oportunidades de aprendizagem disponíveis aos participantes no espaço da sala de aula. Em seguida, direcionou-se o foco analítico para o exame de como um ou mais indivíduos contribuíram para a produção dessas oportunidades de aprendizagem e as exploraram (ou não). Para análise relativa a esse aspecto, ver Castanheira (2000).

objetivos teóricos e metodológicos deste estudo, das implicações desses casos para o ensino e a construção de oportunidades de aprendizagem em sala de aula e para o desenvolvimento de futuras pesquisas.

Capítulo I

CONSTRUÇÃO E DELIMITAÇÃO DE QUESTÕES A SEREM INVESTIGADAS

O contexto de origem das questões abordadas neste estudo

Ao final da década de 90, o Brasil praticamente universalizou, na maioria dos seus Estados, o acesso da população em idade escolar ao ensino público e gratuito. A presença de crianças pertencentes às camadas populares na instituição escolar é interpretada como sinal de sua democratização. Entretanto, resultados de programas de avaliação de larga escala, como o Sistema Mineiro de Avaliação da Educação Pública (SIMAVE), o Sistema Nacional de Avaliação da Educação Básica (SAEB), no plano nacional, o *Programme for International Student Assessement* (PISA), em âmbito internacional, têm demonstrado que o fracasso escolar e as dificuldades de domínio de habilidades básicas de leitura e escrita por parte dos alunos continuam fazendo parte da realidade de nossas instituições públicas de ensino. Essa é uma realidade documentada, investigada e denunciada por diversos pesquisadores que examinaram o processo de produção do fracasso na escola brasileira (podem ser citados, dentre outros, PATO, 1990; COSTA, 1993; GOMES E SENA, 2000; ESTEBAN, 1992). A dificuldade da escola em assegurar aos seus alunos o acesso aos bens culturais evidencia que sua efetiva democratização requer mais do que, simplesmente, a ampliação do número de vagas disponíveis à população em idade escolar.

Estudos como esses, desenvolvidos nas últimas décadas, sobre a produção do fracasso escolar possibilitaram a identificação de diferentes aspectos do processo de ensino-aprendizagem que contribuem para a confirmação, dentro da escola, da exclusão social de um grande contingente de crianças. Enquanto a literatura a esse respeito é ampla, pouco tem sido investigado sobre como possibilidades de sucesso são, por vezes, produzidas nas escolas. A constatação dessa lacuna levou ao reconhecimento da necessidade de desenvolver estudos sobre experiências de trabalho em sala de aula que partissem do princípio da inclusão, do reconhecimento e da valorização da diversidade cultural e lingüística dos alunos para o desenvolvimento de práticas de letramento em sala de aula.

Ao desenvolver estudo sobre a relação de um grupo de crianças das camadas populares, moradoras de um bairro da periferia de Belo Horizonte, com a escrita, antes e depois da entrada deles na escola (Castanheira, 1991, 1993), pude compreender como as chances de sucesso escolar daquelas crianças eram paulatinamente minadas em decorrência de inadequações curriculares e pedagógicas resultantes da visão que os profissionais da escola investigada tinham da cultura e da linguagem características do grupo social a que aquelas crianças pertenciam. A observação do dia-a-dia daquelas crianças, dentro e fora da escola, levou à constatação de que a escola lhes possibilitava menos oportunidades de interagirem com a escrita – acesso a livros, textos, participação em atividades de escrita, leitura de gibis ou outros suportes de textos – do que lhes reservava a vida de maneira casual em seu cotidiano.

Se tanto já aprendemos a partir do estudo do que não é desejável, não seria hora de buscarmos compreender como são produzidas, em sala de aula, as possibilidades de sucesso na aprendizagem? O conhecimento sobre como essas possibilidades de sucesso são construídas por participantes (professores, alunos, outros) em situações particulares é necessário para que possamos vislumbrar possibilidades educacionais de fato inclusivas e que garantam o acesso a práticas de leitura e escrita àqueles que figuram como o percentual de cidadãos que não conquistam a condição de letrados nos programas de avaliação de larga escala. Como age um(a) professor(a) de forma a possibilitar o *acesso a* práticas científicas e de letramento que costuma ser privilégio de alunos oriundos de grupos social e economicamente favorecidos?

Com o objetivo de examinar essa questão, decidi pesquisar como o professor e seus alunos trabalham juntos na construção de uma sala de aula inclusiva. A escolha de um espaço para o desenvolvimento deste estudo se tornou uma questão central, e algumas condições iniciais foram definidas para garantir que a pesquisa fosse desenvolvida em uma sala de aula com as características indicadas acima. Considerei que a turma a ser estudada deveria ser composta por um grupo diversificado em termos de experiências culturais, sociais e do seu desempenho escolar, e que os trabalhos com esse grupo de alunos deveriam ser coordenados por uma professora reconhecidamente capaz de organizar experiências significativas de ensino-aprendizagem. A essas decisões, somou-se a resolução de utilizar alunos "com dificuldades de aprendizagem" como *unidade pivô*[4]. Decidiu-se privilegiar alunos com histórico de dificuldades de aprendizagem como unidade pivô porque, freqüentemente, a causa do fracasso de alunos das camadas populares em aprender é creditada a distúrbios de

---

[4] Traduzi como "unidade pivô" o termo inglês *tracer unit*, significando um tipo de ação, de informação, ou de construção que tem interesse central para a análise e por isso é acompanhado em espaços ou contextos variados. Tratase de uma unidade que se torna *locus* primário de observação num dado estudo. Um estudo pode ter "unidades pivô" múltiplas. Cada uma dessas unidades envolve a alternância do *locus* da observação para processos ocorridos no primeiro plano, no plano de fundo, variáveis, contextos e assim por diante. (Cf. Green, 1983)

aprendizagem ou dislexia. Em razão disso, está presente no cotidiano dos educadores a demanda pelo exame de questões relativas às dificuldades de aprendizagem e à proposição de alternativas de trabalho com esses alunos em salas de aula regulares. No entanto, as respostas a essas demandas são, raramente, baseadas em estudos empíricos, o que indicou a existência de uma lacuna importante para a compreensão dessa problemática.

Assim, entendi que a eleição desses alunos como "unidades pivôs" constituiria casos expressivos para a compreensão da natureza de sua participação e integração em salas de aula regulares. Alunos com dificuldades de aprendizagem carregam consigo rótulos indicativos de uma história institucional diferente daquela vivida pelos seus colegas. Esse aspecto foi visto como um elemento para o contrastea ser usado no processo de compreensão de como estudantes com diferentes histórias escolares podem ser incluídos e integrados em práticas de letramento desenvolvidas em salas de aula.

Como será exposto no capítulo 3, a escolha e a definição da sala de aula a ser estudada ocorreram no contexto de desenvolvimento do curso de doutorado realizado por mim na Universidade da Califórnia e de minha inserção no grupo de pesquisa *Santa Barbara Classroom Discourse Group* (SBCDG).

Contexto teórico e histórico da pesquisa e alguns de seus desafios conceituais

Nas últimas décadas, a compreensão do papel central do discurso em processos de construção de significados em sala de aula impulsionou o abandono de uma abordagem individualista da aprendizagem e de uma visão do ensino como processo-produto em favor de uma perspectiva interpretativista. Diversos estudos são representativos dessa mudança: Bloome e Bailey (1992), Bloome e Egan-Robertson (1993), Gee e Green, (1998), Santa Barbara Classroom Discourse

Group (1992), Collins e Green, (1992), Kelly e Geen, (1998), Hicks (1995), Werstch (1991), Rogoff (1990), Erickson, (1986), Green, (1983). A adoção dessa nova perspectiva analítica indicou a necessidade de se compreender como a vida em sala de aula é discursivamente construída pelos seus membros por meio de suas interações, verbais e de outros tipos, e como essas construções influenciam as oportunidades dos alunos de ter acesso a informações e práticas diversas, bem como de produzir e, portanto, aprender na escola (Green; Dixon, 1993, p.231).

No bojo dessa mudança de perspectiva analítica, também a relação entre indivíduo e grupo é retomada como uma questão de grande interesse. A prática comum entre pesquisadores educacionais ou da psicologia da aprendizagem de separar as pessoas do contexto social em que vivem na busca de compreensão do processo de aprendizagem passa a ser questionada. Reconhece-se essa perspectiva "descontextualizante" como, simultaneamente, resultante e favorecedora de uma visão dicotômica da natureza da relação entre homem e sociedade. Cushman (1991) aponta como origem dessa dicotomia uma concepção de indivíduos como entidades isoladas e descontextualizadas, conforme foi proposto por corrente da psicologia moderna, predominante desde a década de 60, que busca definir leis de uma natureza humana supostamente universal e trans-histórica (Dunkin; Biddle, 1974; Gage, 1963 e 1978; Rosenshire; Furst, 1973).

Deve-se considerar, entretanto, que essa visão polarizada e dicotômica da natureza da relação entre o indivíduo e a sociedade, que dá lugar ora ao subjetivismo, ora ao determinismo social, não é exclusividade dos campos da psicologia e da educação. Outras ciências sociais, como a sociologia e a antropologia, estão também impregnadas por essa dicotomia e pela perspectiva analítica que a caracteriza. Fox (1989) afirma que uma das questões mais antigas das ciências sociais diz respeito ao papel dos indivíduos em processos de mudança cultural. Para ele, esse debate dificilmente pode ser esclarecedor, uma vez que desde a renascença se produz uma visão polarizada de *indivíduo* e *cultura* Isso levou diversos antropólogos a se dedicarem a um pólo ou outro dessa relação, reforçando ora o determinismo cultural que posiciona a cultura sobre o indivíduo, ora um individualismo que fraciona completamente a cultura em pessoas (Fox, *1989*, p. 63). O autor enfatiza que a dificuldade de superar essa dicotomia deriva do próprio estabelecimento de fronteiras entre a sociedade ou cultura e o indivíduo.

A dificuldade identificada por Fox no campo antropológico é similar àquela enfrentada por pesquisadores dedicados a investigar processos de aprendizagem. Deparamos com um dilema teórico: se a distinção entre indivíduo e sociedade é necessária para nos ajudar a ver, organizar e investigar diferentes elementos que participam dos processos de aprendizagem, essa distinção também traz a dificuldade de superar a dicotomia originalmente nela implicada. O reconhecimento desse dilema impõe a seguinte questão: Que alternativas teóricas e metodológicas podem ser criadas para superá-lo?

Na tentativa de encontrar saída para esse dilema, torna-se imperativa a exploração de novas maneiras de falar sobre a relação entre o indivíduo e a sociedade, a coletividade, e concebê-la. Numa tentativa de abordar essa questão, o foco deste estudo voltou-se para as relações entre o indivíduo e o contexto de aprendizagem, buscando compreender, por um lado, de que maneiras os indivíduos agem de forma a interferir nas condições institucionais e sociais em que se inserem, contribuindo para a re-redefinição e a reestruturação dessas condições e, por outro lado, de que maneira essas mesmas condições se tornam recursos e limites para a ação individual em espaços sociais particulares. A interação entre esses elementos, heuristicamente propostos, tornou-se o *locus* de investigação para a descrição e a compreensão do fenômeno da aprendizagem.

Concepções alternativas sobre a natureza da relação entre o indivíduo e a sociedade

Na tentativa de *desfazer* a dicotomia característica da maioria das análises dos fenômenos sociais ou psicológicos, teóricos e pesquisadores de diferentes áreas de atuação propuseram formas alternativas de representar e discutir a natureza da relação entre indivíduo e sociedade (ou, para outros, entre o indivíduo e o coletivo, entre indivíduo e cultura). Giddens (1979), ao tratar da divisão objetivismo/subjetivismo, postula que a oposição entre objeto e sujeito de fato oculta uma relação de complementaridade. De acordo com o autor (p. 61), esse dualismo ou dicotomia deveria ser representado como uma "dualidade, a dualidade da estrutura", sendo necessário examinar os conceitos de ação e estrutura para que se possa compreender a natureza dessa dualidade.

O conceito de ação proposto por Giddens (1979, p. 55) não se refere a uma série de atos discretos, mas a uma seqüência contínua de condutas que devem ser consideradas no espaço e no tempo em que se situam e que implicam a possibilidade de "intervenção em mundo potencialmente maleável". A consideração das ações dos indivíduos no contexto de sua ocorrência auxilia a vinculação dessas ao conceito de estrutura, uma vez que a estrutura é, simultaneamente, o meio e o resultado da atividade humana que ela recursivamente organiza (Giddens, 1979, p. 64). Nesse caso, as propriedades estruturantes de um sistema não podem ser vistas como externas à ação humana ou identificadas apenas a limitações impostas ao indivíduo. Essa proposição requer a compreensão dos conceitos de conhecimento, práticas sociais e capacidades, conforme propostos por Giddens (1979, p. 64):

> (a) Conhecimento – como traço de memória – de como se pressupõe que as coisas sejam feitas (faladas, escritas) por atores sociais,
>
> (b) práticas sociais como organizadas pela mobilização recursiva desse conhecimento,
>
> (c) capacidade que a produção dessas práticas pressupõe.

Dessa forma, reconhece-se o conhecimento individual como situado socialmente, produzido por meio do engajamento em práticas sociais e mobilizado para a participação apropriada em determinados grupos e situações sociais. Pressupõe-se que qualquer sistema social é situado no tempo e no espaço e que sua propriedade estruturante, constituída na relação de complementaridade entre estrutura e ação, encontra-se intimamente interligada a processos de participação social, por meio da mobilização de conhecimentos e da ativação de práticas por parte dos participantes. A partir dessas considerações, identifica-se a interação face a face como o *locus* no qual processos de (re)estruturação ocorrem, e reconhece-se que o estudo desse fenômeno tem grande importância para a compreensão de seu funcionamento em contextos particulares.

A perspectiva teórica proposta por Giddens tem "pontos de contato" (Strike, 1989) com a abordagem teórica proposta por Collins e Green (1992) e pelo grupo de pesquisa *Santa Barbara Classroom Discourse Group*[5] (1992a,b) para o estudo e análise de interações sociais. Embora reconhecendo que Giddens não aplicou suas proposições teóricas a microculturas ou a microcomunidades como salas de aula, entendemos que sua teoria sobre propriedades estruturantes dos sistemas sociais (ação e estrutura) é adequada para representar a dinâmica dos processos estabelecidos entre participantes de uma classe (ou turma) escolar.

Ao adotar a noção de cultura como maneiras ordinárias, compartilhadas e padronizadas desenvolvidas por membros de um grupo social para perceber, agir, crer e avaliar e aplicá-la a escolas e salas de aula, esses pesquisadores propõem que o que se considera aprendizagem é definido por membros de um grupo ao longo do tempo. À medida que adultos

---

[5] *Santa Barbara Classroom Discourse Group*, de agora em diante SBCDG, é um grupo de pesquisa da Universidade da Califórnia em Santa Bárbara, em funcionamento desde 1990. Mais informações sobre esse grupo de pesquisa são apresentadas no capítulo 3.

e crianças interagem em salas de aula ou em outros espaços sociais, eles (re)definem o que significa ser professor, ser estudante, ser membro de um grupo ou de um subgrupo. Isto é, ao interagirem, os participantes de um grupo estabelecem maneiras de perceber, crer, agir e avaliar que orientam suas ações e suas interpretações das ações de outros membros do grupo (Collins; Green, 1992; Green, 1983). Assim, o entendimento local do que seja ensinar, aprender, ser professor é construído por meio das interações cotidianas entre participantes.

Entende-se, então, que estruturas ou instituições sociais, como a escola e suas salas de aula, não são algo cujo funcionamento seja simplesmente dado ou definido *a priori*, mas construído por meio das ações dos indivíduos, à medida que esses acionam seus conhecimentos sobre como as coisas deveriam ser feitas nesse espaço.

Alguns autores (SBCD, 1992a), quando tratam da natureza das ações individuais, propõem que, ao longo do tempo, os membros de um grupo constroem um quadro de referência que guia suas ações e interpretações da vida. De acordo com esses autores, esse postulado encontra suporte na distinção teórica feita por Giddens entre capacidade e conhecimento. O primeiro desses termos é utilizado para dizer que, quando se fala de ação humana, considera-se a possibilidade de que o "agente poderia ter agido de outra maneira", (Giddens, 1990, p. 8), ou seja, teria condição de atuar de forma diferente. O segundo termo, conhecimento (no original, *knowledgeability*), é utilizado para se referir a "todas as coisas que um membro sabe sobre a sociedade à qual pertence e sobre as condições de sua ação como participante dela." Ao distinguir esses dois conceitos, Giddens afirma que seria um erro básico tornar equivalente o conhecimento dos agentes com o que é conhecido como "estar consciente" (Giddens, 1990, p. 8, *apud* SBCDG, 1995, p. 79). Em outras palavras, as ações dos indivíduos seriam orientadas por seus conhecimentos, nem sempre conscientes, das formas culturais e sociais de participação e interpretação da vida dentro de um grupo (SBCDG, 1992a).

Ao examinar as possíveis implicações desses postulados, pergunto-me o que ocorre, então, com indivíduos que participam ou pertencem a comunidades distintas. Essa questão é discutida por autores do SBCDG (1992a, p. 81):

> Ao discutir a noção de capacidade, Giddens argumenta que, quando uma pessoa poderia ter agido diferentemente em dada situação (isto é, possui capacidade para isso), a ação desse ator não reflete as suas possibilidades. O que essa ação revela é uma *ação particular* realizada por esse ator em um momento particular no tempo, numa situação particular, como parte de um processo particular de estruturação. Desse ponto de vista, as ações dos indivíduos não acontecem ao acaso nem são independentes do contexto de situação em que elas ocorrem (Heap, 1991). Pelo contrário, essas ações são delineadas a partir do conhecimento das normas e expectativas derivadas da participação em sociedades menores e particulares como turmas escolares e outros grupos fora da escola."

Por meio da vivência em uma comunidade particular, um indivíduo desenvolve conhecimento das práticas características do grupo – como e quando as coisas devem ser feitas, faladas, escritas – e desenvolve, também, capacidades para utilizar esse conhecimento e agir de maneira apropriada segundo as demandas e expectativas do contexto interacional. Dessa forma, as ações individuais implicam um processo contínuo (nem sempre consciente) de interpretação e escolhas de como, quando e com que propósito agir como membro de um determinado grupo.

Conhecimento, contexto de uso e construção de significado

O processo de interpretação de como participar em determinado espaço social não é algo simples. Se, por um lado, a experiência de um indivíduo em diferentes grupos sociais pode ampliar seu repertório de participação (ou seja, seus conhecimentos e capacidades), por outro, ela pode ser potencialmente problemática, uma vez que as demandas e expectativas de participação variam de um grupo para o outro.

Diversos autores examinaram situações em que indivíduos ou grupos de indivíduos exploraram conhecimentos adquiridos previamente, quando de sua inserção em determinados grupos sociais em espaços diferentes de sua comunidade de origem. Heath (1983), por exemplo, demonstrou como crianças tidas como competentes narradoras de histórias pela sua família e pelo seu grupo social eram vistas pela escola como incapazes de contar casos de maneira lógica ou de ouvi-los sem interromper o narrador. Heath argumenta que as expectativas quanto à participação na construção e apresentação de narrativas nesses grupos possibilitam visões diferenciadas do que se considera como membro conhecedor e competente nas práticas narrativas.

Gumperz (1994), mediante a combinação de análise lingüística, textual e cultural, demonstra as bases culturais de desentendimentos em conversas entre pessoas de diferentes grupos étnicos. Em seu trabalho, esse autor define contextualização como o uso que falantes e ouvintes de uma língua fazem de sinais verbais e não-verbais para relacionar o que é dito em qualquer lugar a conhecimentos adquiridos, previamente, por meio da participação em determinado grupo social. Isso quer dizer que falantes e ouvintes resgatam pressuposições das quais devem se valer para manter o envolvimento conversacional e avaliar o que seus interlocutores intencionam (Gumperz, 1994. p. 230). Dessa forma, os conhecimentos adquiridos por um indivíduo, por meio da participação em situações sociais diversas ou do pertencimento a diferentes grupos culturais, medeiam sua interpretação das expectativas quanto à manutenção do fluxo da atividade interacional da qual participa em um determinado lugar e tempo. Em outras palavras, as inferências feitas por um indivíduo sobre o que espera que aconteça ou como avaliar sua participação e de outros em uma conversa são fundadas em suas experiências prévias como membro de um grupo particular.

Gumperz utiliza sua teoria sobre inferências conversacionais para analisar interações entre falantes nativos e falantes não-nativos da língua inglesa, em espaços institucionais, e demonstra como conhecimentos gramaticais, dos usos da linguagem e das convenções retóricas influenciam essas trocas verbais. Segundo ele, esses conhecimentos contribuem para o que denomina "chegada a uma noção socialmente ativa de contexto" (Gumperz, 1994, p. 247). Para ele, visões distintas sobre os elementos que atuam na produção de uma noção socialmente ativa de contexto (conhecimentos gramaticais, conhecimentos dos usos da linguagem e convenções retóricas) podem produzir desentendimentos entre interlocutores.

Heap (1991), ao analisar a natureza contextual daquilo que é considerado resposta ou participação apropriada em uma aula, também discute as implicações da existência de diferenças entre fontes variadas de conhecimento e demandas locais para ação em sala de aula. Para esse autor, casos em que estudantes possuem uma visão diferente daquela do professor a respeito dos requisitos para participação em uma aula são potencialmente problemáticos, uma vez que as ações dos participantes estarão orientadas por critérios interpretativos e avaliativos divergentes. Situações desse tipo requerem dos alunos competência para interpretar as expectativas dos professores relativas ao que seria considerado como demonstração adequada de conhecimento.

Em sua análise de uma aula sobre o livro *Rumplestiltski* (Zelinsky, 1986[6]), Heap (1991) apresenta um exemplo do conflito entre os critérios utilizados pela professora e pelos alunos na definição do que seria considerado conhecimento

---

[6] Conto dos irmãos Grimm, recontado e ilustrado por Zelinsky. Nessa história, um pequeno e estranho homem ajuda a filha de um camponês a transformar palha em ouro, sob a condição de que ela o entregasse o seu primeiro filho de seu casamento com o rei.

adequado sobre essa história no contexto daquela aula. Ao conversar sobre o conto com seus alunos, a professora perguntou sobre quem seria o personagem que ajudava a rainha na história. Ao responderem a essa pergunta, dizendo o nome do personagem ("Rumplestiltskin"), os alunos não tiveram a validação de sua resposta pela professora. Isso porque, de acordo com ela, os alunos não deveriam ter lido a parte do livro em que o nome do personagem é revelado e, portanto, não poderiam ainda ter essa informação. Sua expectativa era de que os alunos, naquele momento, fizessem apenas uma descrição do personagem.

Os exemplos citados acima demonstram que aquilo que é considerado conhecimento (por exemplo, contar caso, usar a linguagem em espaços institucionais, responder a perguntas sobre uma história,) depende do seu contexto de uso e que o fato de se saber alguma coisa não corresponde de forma clara e direta à sua simples demonstração numa determinada situação social. Conforme é proposto por Giddens (1979, p. 83), no processo de produção de significados, o contexto não pode ser tratado meramente como o "ambiente" ou um "pano de fundo" para o uso da linguagem. O contexto da interação é delineado e organizado de determinada maneira como parte integrante dessa interação como encontro comunicativo.

No caso analisado por Heap, os estudantes não perceberam aspectos contextuais que definiriam (particularmente do ponto de vista da professora) o que deveria ser a resposta apropriada no contexto daquela lição escolar. Ao perceber que os alunos não responderam com base em um "conhecimento que supunha comum entre eles" (cf. Edwards; Mercer, 1987), a professora explicitou, posteriormente, sua expectativa revelando qual seria a resposta correta, dada sua preferência para aquela aula. A conduta da professora evidencia sua expectativa de que os alunos, no contexto daquela aula de leitura, utilizassem o que haviam lido segundo sua solicitação, separando essa atividade de outras das quais haviam participado em outros espaços sociais. Esse exemplo ilustra como a construção de significados na sala de aula é dependente do contexto em que é realizada e requer grande esforço por parte dos participantes– alunos e professora– para a interpretação do que seria apropriado nesse espaço.

Essa linha de argumentação chama nossa atenção para a necessidade de reconhecer outro elemento constitutivo dos processos de ensino e aprendizagem: a aprendizagem do como as coisas devem ser feitas, ditas ou demonstradas e das implicações disso no entendimento que os participantes têm do que deve ser aprendido. Uma visão de que o objeto do ensino e da aprendizagem refere-se somente à transmissão de um conteúdo claramente definido é reducionista, pois não leva em conta o fato de que a ação e a aprendizagem são processos interpretativos e requerem a compreensão por parte dos participantes de como as coisas devem ser realizadas em determinado contexto. Dessa forma, podemos considerar a possibilidade de que "aquilo que é apresentado como conhecimento ou aprendizagem seja meramente performance negociada ou demonstração de uma ação esperada" (SB-CDG, 1995, p. 82).

Sobre o desenvolvimento individual e coletivo

A partir de suas proposições teóricas, Giddens possibilita uma visão dos sistemas sociais como um processo constante de estruturação, resultante da relação complementar entre ação e estrutura. Esse processo ocorre em contextos locais à medida que os participantes negociam discursivamente o que conta como participação apropriada naquela situação social particular. Partindo do pressuposto de que as propriedades estruturais de um sistema (ação e estrutura) complementam ou informam uma à outra no processo de reprodução e reconstrução dos sistemas sociais, podemos inferir que esses elementos também influenciam o desenvolvimento um do outro. Dessa maneira, torna-se necessário indagar sobre a relação entre desenvolvimento coletivo e individual e sobre o papel da escolarização nesse processo.

Lima (1995) traz novos elementos para essa discussão ao argumentar que a "área de desenvolvimento potencial" (ao invés de "zona de desenvolvimento proximal") é ponto-chave no processo de interação entre o indivíduo e o coletivo, e destaca o papel da escola como mediadora do desenvolvimento coletivo e individual. Lima desenvolve esse argumento por meio da consideração de contribuições vindas da pedagogia crítica brasileira, de experiências alternativas de escolarização no Brasil e da psicologia sociocultural vygotskiana. Da pedagogia crítica brasileira, a autora destaca a visão do ato educacional como ato político e não neutro, que possui um componente de poder freqüentemente centrado na questão de socialização do conhecimento. Enfatiza a compreensão de que, ainda que a escola seja um espaço de reprodução das estruturas sociais, ela é também "um espaço histórico-cultural para transformações da consciência sociocultural daqueles que dela participam" (Lima, 1995, p. 447). E conclui com a afirmação de que a educação formal ocupa uma função central na promoção de mudanças e desenvolvimento, no plano individual e no comunitário.

No quadro da pedagogia crítica, acredita-se que, ao ampliar o capital cultural dos diferentes indivíduos, pode-se transformar o capital cultural de uma comunidade e que, por exemplo, intervenções educacionais na promoção da alfabetização implicam a possibilidade de ampliação da capacidade de "leitura do mundo", por parte do aprendiz, e do seu papel na construção de uma sociedade democrática e inclusiva, como já propunha Freire (1970). A pedagogia crítica amplia as fronteiras do ato educacional, ao compreendê-lo como uma interferência "num mundo potencialmente maleável" (Giddens, 1979).

A adoção dessa perspectiva teórica implica o reconhecimento de duas dimensões do desenvolvimento: uma que reside no indivíduo e outra que reside no coletivo. Essas duas dimensões influenciam-se mutuamente, de maneira que "possibilidades de desenvolvimento cultural criadas historicamente são elas próprias transformadas pelos processos por meio dos quais os indivíduos adquirem os instrumentos culturais que estão ou se tornam disponíveis em seu contexto" (Lima, 1995, p. 449). Em consonância com Giddens, Lima argumenta que a relação entre indivíduo e coletivo é de natureza complementar, o que acarreta o reconhecimento do caráter dual da estrutura dos sistemas sociais. Considerações a esse respeito são feitas no bojo de discussões relativas à compreensão do conceito de "zona de desenvolvimento proximal" (ZPD) proposto por Vygotsky. De acordo com a autora, no contexto das reformas educacionais no Brasil, orientadas pelos princípios da pedagogia crítica, a noção de ZPD refere-se a um espaço social, um espaço de inter-relações, visto como aquele que oferece recursos potenciais para desenvolvimento do indivíduo e do grupo. A idéia de que a zona de desenvolvimento proximal é um espaço para inter-relações tem prevalecido no Brasil, em detrimento de outras interpretações oferecidas por pesquisadores inspirados nas teorias de Vygotsky. Segundo ela, Mecacci (1983) contribui para essa discussão ao traduzir para o italiano esse conceito como área *di sviluppo potenziale* (área de desenvolvimento potencial), expressando um significado semanticamente distinto de "zona de desenvolvimento proximal". Lima (1995, p. 449) defende a idéia de que o conceito de ZDP proposto por Vygotsky visa abranger o componente *milieu*, sugerindo, com isso, que o desenvolvimento precisa ser considerado em relação a recursos culturais potencialmente disponíveis no *milieu*, e não somente em relação àquilo que o indivíduo é capaz de realizar com a ajuda de outro mais competente num dado momento. Compreende-se o *milieu* como constituído de dois níveis integrados, interagindo entre si: o ambiente material e ambiente das "idéias". Fundamentando-se nos trabalhos de Wallon (1942, 1975), Lima afirma que os recursos culturais encontrados no *milieu* são instrumentos potenciais para o desenvolvimento psicológico. Nesse sentido, a área do desenvolvimento potencial é entendida como referente ao espaço no qual o indivíduo explora um conjunto de recursos culturais disponíveis.

A escola teria o papel de mediadora central dessa relação entre o indivíduo e o *milieu* ao promover o acesso desses indivíduos aos recursos culturais disponíveis na esfera coletiva e social circunscrita ou abrangente. Promovendo a relação entre indivíduo e *milieu*, a escola seria capaz de influenciar as condições do próprio *milieu* e, em última instância, capaz de fomentar o desenvolvimento coletivo. Assumindo essa perspectiva, Lima argumenta que há um espaço de atuação educacional no ambiente no qual os educadores podem tomar decisões e fazer escolhas com relação a que ferramentas utilizarão para promover a aprendizagem. A possibilidade de intervenção educacional no ambiente é vista, nessa perspectiva, como existente no contexto social e dependente das ações individuais ou grupais voltadas para a promoção de novas condições culturais de existência.

As considerações feitas por Lima têm similaridade com os argumentos teóricos discutidos nas primeiras seções deste capítulo. A mais evidente delas é a ênfase dada à natureza dialética e complementar da relação entre o indivíduo e as esferas sociais e a compreensão dessa relação como um processo histórico. Sua proposição de que a noção de área de desenvolvimento potencial refere-se ao espaço social para inter-relações implica também a compreensão de que nossos mundos institucionais e culturais estão em constante processo de construção. Ao mesmo tempo em que se entende que o conhecimento individual é fundado nas condições culturais nas quais o indivíduo se insere, reconhecem-se os indivíduos como agentes ativos no processo de exploração e transformação das possibilidades encontradas no *milieu*. Lima introduz outro elemento na discussão sobre a relação entre o indivíduo e a sociedade: o papel da escola como mediadora dessa relação.

Implicações para o estudo da aprendizagem e da interação em sala de aula

A discussão realizada até agora afirma o pressuposto de que o processo de aprendizagem não pode ser compreendido como existindo em um vácuo. Ele só pode ser compreendido em relação aos fundos de conhecimento da coletividade (MOLL, 1992) e às formas de participação que vão sendo desenvolvidas como resultado do processo de interação entre participantes do grupo no qual o indivíduo se insere. Aplicar esse argumento à conceitualização da natureza da interação entre participantes em sala de aula envolve reconhecer que tanto as ações dos indivíduos como os recursos culturais disponíveis nesse espaço informam as possibilidades de desenvolvimento nos planos coletivo e individual. A partir dessa perspectiva, a descrição e a análise da dinâmica de funcionamento dos sistemas culturais nos quais indivíduos estão inseridos tornam-se condição para compreende como os processos de aprendizagem são informados simultaneamente pelos dois elementos do sistema educacional – ações individuais e condições estruturais, expressas nos recursos e limites culturais disponíveis. A busca dessa compreensão impõe um desafio para a conceitualização, análise e representação das maneiras pelas quais o processo de estruturação de oportunidades de aprendizagem ocorre nas salas de aula.

Dois ângulos de análise têm sido privilegiados quando se tratar dessa questão. Alguns pesquisadores examinaram o que é disponibilizado na sala de aula no plano coletivo para ser adotado no plano individual (JOHN-STEINER, 1997; JOHN-STEINER, PANOFSKY, e SMITH, 1994; MOLL 1992; ROGOFF, 1990, SANTA BARBARA CLASSROOM DISCOURSE GROUP, 1992a; SANTA BARBARA CLASSROOM DISCOURSE GROUP *et al.*, 1995; LIMA, 1995; TUYAY, JENNINGS e DIXON, 1995). Outros exploraram as relações entre um coletivo em desenvolvimento e indivíduos participantes desse coletivo (Crawford, 1999; Dantas, 1999; Floriani, 1993, 1997; Frank, 1997; Putney, 1996). Entretanto, poucos estudos examinaram como o aprendiz está imerso em possibilidades presentes em uma sala de aula e as conseqüências das ações desse indivíduo na construção do que se torna disponível aos outros participantes nesse espaço. Neste estudo, examina-se essa questão com o objetivo de contribuir para a compreensão de como são construídas salas de aula inclusivas.

Capítulo 2

LITERATURA DE REFERÊNCIA E A DEFINIÇÃO DE UMA LÓGICA DE PESQUISA

No capítulo anterior, apontando, sobretudo, os trabalhos de SBCDG (1995), Lima (1995) e Kelly e Green (1997), discuti sobre a natureza socialmente construída da aprendizagem, a partir da compreensão de que instituições sociais como a escola, por exemplo, encontram-se em um contínuo processo de (re)estruturação, resultante da interdependência dinâmica de suas propriedades estruturantes – ação e estrutura, segundo Giddens (1979). Essa perspectiva possibilita uma visão contextualizada e não essencialista (cf. Lopes, 2002) da natureza da interação estabelecida entre participantes de uma sala de aula e desses com determinado conhecimento, bem como reconhece que em cada turma escolar se realiza, à maneira de seus participantes, uma reiteração e instanciação particular de práticas histórica e socialmente construídas (Giddens, 1979). Assim, aspectos constitutivos do sistema educacional, como currículo, livros, materiais didáticos, horários, número de dias letivos, têm peculiar exploração e uso a partir da interpretação que deles fazem professores, alunos, especialistas, administradores, nas diferentes instituições escolares. Embora, obviamente, se encontrem semelhanças entre diversas escolas e suas salas de aula, encontramos também diferenças representativas de como as características estruturais de um sistema são localmente (re)definidas por participantes de um grupo, à medida que interagem entre si e com os recursos e limites do sistema no qual se inserem.

Alguns autores, como Mehan (1982), Erickson (1986), Heap (1991), Bloome e Bailey (1992), têm apontado a necessidade de se investigar para além das semelhanças existentes entre as diversas instituições escolares. Argumentam que é preciso examinar como as diferenças entre uma instituição e outra são produzidas no contexto interacional local, para que se possa compreender as implicações dessas diferenças para a produção do que se entende por ensinar e aprender a escrita, a leitura, a matemática, as ciências etc. Heap (1991) discute essa questão ao propor uma perspectiva contextualizada como alternativa à abordagem essencialista para o estudo da leitura. Explorando uma perspectiva definida pelos princípios da etnometodologia, ele defende uma mudança de foco nos estudos sobre a leitura como necessária para diminuir a distância entre as teorias da leitura e do seu ensino e as práticas desenvolvidas em salas de aula. Sugere, ainda, que se busque compreender o significado da leitura para os participantes envolvidos na situação de leitura por meio do exame dos critérios e procedimentos usados por esses na definição do que é e do que não é considerado como ato de leitura, nos diferentes contextos em que ela é utilizada. Dessa forma, supõe que se possa conhecer quais condições culturais e históricas influenciam as práticas de leitura desenvolvidas dentro e fora da escola e como elas o fazem. Essa perspectiva tem por base o pressuposto de que a fonte da identidade de um objeto (por exemplo, escrita, leitura ou o ensino ou aprendizado de uma dessas coisas) "é o que as pessoas fazem, e o que elas podem dizer a respeito do que fazem com e em relação a esse objeto" (Heap, 1991, p. 125).

As críticas feitas por Heap à perspectiva essencialista adotada no estudo da leitura são consonantes às críticas feitas ao estudo da aprendizagem de maneira descontextualizada por autores como Rogoff (1990), Erickson (1986), Cushman (1991),

Kelly e Green (1998), Bloome e Bailey (1992), Gutierrez e Stone (1997). Além disso, tanto no campo dos estudos da leitura quanto no campo do estudo da aprendizagem, propõe-se que o fenômeno em questão seja investigado à luz das particularidades contextuais constitutivas da definição do seu significado em determinado grupo (Kelly e Green, 1998) e modeladoras das condições para a aprendizagem em diferentes salas de aula (Green, 1983; Green; Dixon, 1993; Cook-Gumperz; Gumperz, 1992).

Autores como Bloome e Bailey (1992) argumentam a favor do desenvolvimento de um programa de pesquisa que se preocupe com o particular, para que se possa compreender como essas diferenças são construídas localmente e quais as implicações dessas diferenças para o desenvolvimento individual e coletivo. Há estudos sobre interações em sala de aula a partir de uma perspectiva contextualizada que fornecem evidências de que os resultados de uma lição se diferenciam de uma turma para outra, mesmo que os professores tenham o mesmo objetivo ao orientar suas atividades (Green; Weade e Graham, 1988; Green; Harker; Golden, 1986). Essas diferenças são resultantes de variações na forma como as aulas são organizadas e expostas e de como as demandas sociais e instrucionais foram apresentadas para o grupo, implicando, portanto, em variações dos padrões de comunicação desenvolvidos dentro de cada grupo estudado.

Examinar as especificidades de como os participantes organizam a vida de sua sala de aula pode oferecer elementos para melhor compreensão das conseqüências dessa organização para os envolvidos na situação. É necessário examinar, por exemplo, como os alunos são posicionados e se posicionam em relação aos objetos de estudo, à professora e aos seus colegas de sala, por que e como se pede a eles que leiam, para que se possa compreender como as possibilidades de aprendizagem são estabelecidas em sala de aula, ou seja, que implicações diferentes possibilidades teriam para aquilo que alunos têm que aprender na escola. A partir de estudos dessa natureza pode-se, ainda, por meio do estabelecimento de comparação entre texto que se identifica como peculiar entre diferentes salas de aula, subsidiar avaliações sobre a pertinência e aplicabilidade, em outros espaços escolares, de certas condições criadas numa sala de aula específica.

Quando se elege uma abordagem com foco nas particularidades, uma questão se coloca: como tornar visíveis as particularidades de eventos sociais ou dos espaços sociais? Esse é um dos desafios com que deparei no desenvolvimento do estudo aqui relatado: tornar visíveis as maneiras pelas quais a construção da vida em uma turma de quinta série bilíngüe resultou da relação local entre as propriedades estruturantes do sistema educacional (ação e estrutura) e, ainda, demonstrar como foram construídas, nesse processo de estruturação, certas oportunidades de aprendizagem (Tuyay; Jennings; Dixon, 1995).

A teoria da estruturação dos sistemas sociais proposta por Giddens (1989), brevemente discutida no capítulo anterior, possibilita uma maneira de conceber e de falar sobre a interação na sala de aula como um processo recursivo e particularizado de (re)construção do sistema educacional mais amplo. No entanto, do ponto de vista das necessidades deste estudo, a teoria de Giddens tem a limitação de não apresentar modelos para a análise de dados empíricos. Esse autor lida com formas de representar e conceituar o funcionamento da sociedade, examinando a relação entre indivíduo e estrutura, bem como as práticas institucionais ao longo do tempo e do espaço e a construção de sua teoria a partir de dados secundários, utilizados para ilustrar seus argumentos. Em conseqüência, não há em seu trabalho uma discussão dos procedimentos analíticos que poderiam ser usados em estudos como o que me propus a desenvolver. Como não foi encontrada, na abordagem de Giddens, nenhuma base para demonstrar a íntima relação entre indivíduo e sociedade num nível empírico e local, foi necessário adotar outra abordagem teórica e metodológica para os processos de conceituar, coletar e analisar dados desenvolvidos neste estudo. Dessa forma, foram utilizados, com essa finalidade, trabalhos que adotam uma perspectiva etnográfica e são compatíveis com a perspectiva teórica proposta por Giddens.

A etnografia interacional

Nas seções seguintes deste capítulo, apresento uma discussão sobre a perspectiva teórica e metodológica usada neste estudo para desenvolver uma investigação empírica das particularidades do processo por meio do qual a vida em uma turma bilíngüe de 5ª série foi construída pelos participantes. Essa discussão não tem o objetivo de ser abrangente; ela foi planejada para fundamentar o estabelecimento do enquadramento conceitual que sustenta a elaboração de uma *lógica de pesquisa* ou *lógica de uso* (BIRDWHISTELL, 1977; GEE; GREEN, 1998) para o estudo de processos de aprendizagem imersos em possibilidades coletivas.

A *lógica de pesquisa* utilizada neste estudo corresponde ao que foi identificado por Gee e Green (1998) como resultado da "combinação de perspectivas etnográficas com análise de discurso" no estudo da natureza complexa e contínua da vida na sala de aula. A Etnografia Interacional (GREEN; DIXON, 1993; CASTANHEIRA; CRAWFORD; DIXON; GREEN, 2001) resulta do uso de teorias complementares. Uma dessas teorias fundamenta-se em trabalhos da antropologia cognitiva (por exemplo, GEERTZ, 1983; SPRADLEY, 1979; 1980). Outras vêm de duas abordagens da análise do discurso: a Sociolingüística Interacional (por exemplo, GUMPERZ, 1982, 1986) e a Análise Crítica do Discurso (FAIRCLOUGH, 1993; IVANIC, 1994), conforme aplicadas no estudo da interação social.

Sobre a perspectiva antropológica cognitiva

A exploração da abordagem antropológica cognitiva neste estudo serve de base para uma visão da vida em sala de aula como uma cultura localmente construída mediante a interação estabelecida entre os participantes. Dessa perspectiva, *cultura* se refere ao conhecimento aprendido utilizado pelas pessoas para interpretar a experiência e para orientar sua participação como membros de grupos sociais. De acordo com Spradley (1980), a concepção de cultura como conhecimento aprendido tem muito em comum com o interacionismo simbólico, teoria cujo objetivo é explicar a ação humana em termos de significado. Segundo esse autor, o interacionismo simbólico é orientado pela utilização de três premissas: (i) que os seres humanos agem em relação às coisas com base no significado que elas têm para eles; (ii) que o significado de tais coisas resulta ou aparece a partir da interação social que se estabelece entre os membros de um grupo; (iii) que as pessoas, em seu envolvimento com as coisas que encontram, lidam com significados e os modificam por meio de processos interativos.

A utilização dessas premissas para o estudo da ação humana como imersa em processos de construção de significado ajuda a compreender a cultura como um sistema de significados dinâmico (isto é, não fixo) e compartilhado. Como essas premissas sugerem, esse sistema de significados compartilhados é aprendido, revisto, mantido e definido no contexto em que as pessoas interagem. Dessa forma, a cultura não é vista como um conjunto de significados já dados e antecipadamente definidos; é, ao invés disso, compreendida como (re)construída localmente em espaços sociais particulares (Geertz, 1973, 1983), uma vez que as pessoas negociam o significado que as coisas têm para elas.

Os participantes de um grupo utilizam seus conhecimentos desse sistema de significados para interpretar, tomar decisões e agir na vida diária. Spradley se baseia no trabalho de Frake (1977) para discutir como os princípios culturais são usados pelas pessoas em sua vida diária:

> *Cultura* não é simplesmente um mapa cognitivo que as pessoas adquirem, em parte ou integralmente, de uma forma mais ou menos exata, e que então aprendem a ler. As pessoas não são simples leitoras de mapa; elas são criadoras de mapas. Elas são jogadas em mapas esboçados e em contínua revisão. A cultura não oferece um mapa cognitivo, mas um conjunto de princípios para a criação e a navegação (Frake, 1977, p. 6-7, *apud* Spradley, 1980, p. 9).

Esse modo de ver as pessoas como leitoras e criadoras de mapas sugere que, como os indivíduos podem encontrar princípios (um mapa cultural) e aprendê-los quando agem em seu meio cultural, esse processo de aprendizagem não é passivo. As pessoas não são receptoras ou leitoras passivas de mapas culturais, mas criadoras e colaboradoras no processo de construção de cultura (Corsaro; Miller, 1992). O conceito de cultura proposto por Spradley e outros (Spradley, 1980; Health, 1982; Erickson, 1986; Mehan, 1982; Frake, 1997) remete às noções de dualidade e complementaridade entre as propriedades estruturais de um sistema social – ação e estrutura, segundo Giddens (1979). Considerando-se que há um conjunto de princípios para a ação disponíveis num meio e compartilháveis pelos participantes desse meio, a existência, a continuidade, a reconstrução e a transformação desses princípios dependem das ações dos indivíduos, uma vez que interagem uns com os outros em determinados espaços sociais. Dessa forma, a cultura é entendida como uma produção de grupo historicamente contextualizada (Gee; Green, 1998).

Essa visão de cultura serve de base para a elaboração de premissas teóricas que guiam a pesquisa etnográfica em salas de aula. Alguns autores, dentre eles Collins e Green (1992), Green e Harker (1982), Green e Meyer (1991), postulam que a sala de aula funciona como uma cultura na qual os membros constroem formas padronizadas de se envolverem nas interações uns com os outros, com objetos e em práticas culturais, ao longo do tempo. Essas formas padronizadas de interação e comunicação entre as pessoas levam, por sua vez, a formas peculiares de fazer, a formas de conhecer (Fernie; Davies; Kantor; McMurray, 1993; Green e Dixon, 1993; Lemke, 1990), à construção de conhecimento comum (Edwards; Mercer, 1987), de modelos culturais (Gee; Green, 1998) e de quadros de referência (SBCDG, 1995) que orientam a interpretação e a participação no grupo.

Ao adotar essa visão da sala de aula como cultura, o etnógrafo procura entender as ações, os conhecimentos e os objetos culturais que os "membros de um grupo precisam usar, produzir, prever e interpretar para participar em sua vida diária", segundo Putney, Green, Dixon, Duran e Yeager (2000). Dessa perspectiva, o etnógrafo procura as regras e princípios que orientam a ação dos participantes numa sala de aula, examinando como um determinado estado de coisas é organizado (Mehan, 1982).

Para atingir esses objetivos, o etnógrafo observa o que os membros do grupo fazem e dizem, com quem e para quem, sob que circunstâncias, quando e onde, em relação a que objetos, com que propósitos e com que resultados para a própria pessoa e para o grupo. O exame desses aspectos sustenta a compreensão dos padrões e práticas interacionais usados para construir e interpretar experiências e gerar ações que definem o que se considera, por exemplo, ser membro do grupo. Ao se adotar essa perspectiva analítica, procura-se compreender os aspectos socioculturais da vida na sala de aula do ponto de vista daquele que é membro do grupo, ou seja, de uma perspectiva êmica, como sugerem Putney, Green, Dixon, Duran e Yeager (2000); Geertz (1983); Heap (1991); Heath (1982); e Mehan (1982).

Neste estudo, essa abordagem serviu de base para a análise de como a cultura da comunidade observada foi construída localmente pelos participantes e de como essas características culturais influenciaram a construção de oportunidades de aprendizagem na turma.

Sobre a abordagem sociolingüística interacional

A Sociolingüística Interacional é a segunda tradição a partir da qual se organiza a abordagem da pesquisa etnográfica interacional. Essa tradição se originou nos trabalhos da etnografia da comunicação, com Cazden, John e Hymes (1972), Gumperz (1982, 1986), Erickson (1988), os quais enfatizam como o discurso e as atividades desenvolvidas conjuntamente pelos participantes de uma comunidade são constitutivos da vida diária dessa comunidade, como propõe Hicks (1995). A utilização da Sociolingüística Interacional em pesquisas no campo da educação tem como objetivo "captar como os participantes de atividades escolares usam a linguagem para atingir objetivos, para aprender, e para participar das atividades diárias da sala de aula e de outros cenários educacionais", de acordo com Green (1983, p. 174), e, ainda, entender a natureza dos processos interpretativos subjacentes à percepção do indivíduo sobre o que acontece na sala de aula, conforme sugerem Cook-Gumperz e Gumperz (1992).

Lin (1993) explica que a utilização dessa abordagem permite que a relação entre a língua em uso e a vida da sala de aula seja estudada de duas perspectivas analíticas complementares. Na primeira, a *língua* é vista como um processo de interação que depende dos repertórios lingüísticos que os membros trazem para a sala de aula. Nesse caso, a pesquisa focaliza questões relativas, por exemplo, à natureza dos processos lingüísticos e suas demandas aos alunos nesse espaço social, às formas pelas quais os alunos aprendem a língua e sobre a língua na sala de aula. Geralmente se descreve essa perspectiva como referente ao estudo da língua *na* sala de aula. Na segunda perspectiva, conceitua-se língua como um sistema de discurso e ações sociais constituído por meio das ações e interações entre professores e alunos, que, por sua vez, levam à construção da língua *da* sala de aula.

A exploração dessas duas perspectivas analíticas no estudo da linguagem em uso na sala de aula possibilita que se examine como as demandas e expectativas, papéis e relacionamentos, direitos e obrigações em relação à participação nas atividades da sala de aula são reconstruídos e renegociados à medida que professor e alunos interagem ao longo do tempo. O exame desses aspectos é o ponto de partida para melhor compreensão dos processos discursivos por meio dos quais são criadas oportunidades de aprendizagem, à medida que são estabelecidos contextos interacionais e práticas de letramento.

Sobre a análise crítica do discurso

A terceira abordagem teórico-metodológica que sustenta a perspectiva Etnográfica Interacional é a Análise Crítica do Discurso. Os estudos feitos a partir dessa perspectiva focalizam a língua usada na sociedade e sua relação com as mudanças social e cultural. Essa abordagem se inspira em teorias e métodos desenvolvidos no campo da Sociolingüística e de estudos sobre a linguagem de origem diversa (outros, Halliday, Pêcheux, Labov e Fanchel), fundamentando-se também no pensamento político e social (Gramsci, Althusser, Foucault, Habermas, Giddens). Os estudos feitos a partir dessa perspectiva focalizam os efeitos sociais que diferentes tipos de discurso têm na construção e constituição de diferentes entidades sociais (por exemplo, doenças mentais, letramento) e nas relações (por exemplo, de professores e alunos, de médicos e pacientes), como se vê em Fairclough (1992). Essa perspectiva analítica provém de uma visão de linguagem como prática social, como modalidade de ação contextualizada social e historicamente, numa relação dialética com outras facetas do "social" (seu "contexto social"), socialmente modelada, mas também socialmente modeladora, ou *constitutiva*. (Cf. FAIRCLOUGH, 1993)

A análise dos efeitos sociais que constituem o discurso é orientada pela compreensão de qualquer evento discursivo (entrevista, conversa, artigo de jornal) como fenômeno tridimensional, que deve ser considerado "lingüisticamente como texto, como instância de prática discursiva e como instância de prática social", segundo Fairclough (1992, p. 269). De acordo com esse autor, o objetivo é

> mapear esses diferentes tipos de dimensões de análise uns junto dos outros; para alcançar a compreensão explicativa de como diferentes tipos de texto são conectados com formas específicas de prática social e como essas conexões são mediadas pela natureza da prática do discurso.

A análise dessas três dimensões do discurso ilumina as formas pelas quais elas interagem e, assim, constituem a posição social dos participantes num contexto interacional específico. Essas dimensões discursivas são vistas por Giddens (1979) como limites e recursos na construção das entidades sociais.

Ivanic (1994, 1997) apresenta exemplos de como as posições dos alunos como escritores estão relacionadas com as escolhas discursivas que têm à sua disposição, que criam ou elegem para assumir quando se envolvem na produção de textos escritos. Essa autora defende a necessidade de, no exame de práticas discursivas desenvolvidas nas escolas, focalizar tanto o escritor como a escrita. De acordo com a outra, a identidade do escritor está inscrita nas escolhas discursivas que ele faz no processo de escrever um texto; um escritor "se posiciona" tanto pelo que escreve como pela forma como escreve. Com *posicionar-se* a autora quer dizer que o uso de palavras de determinadas formas mostra a nós mesmos e aos outros como vemos o mundo e como nele nos posicionamos de maneira particular. Nesse sentido, *posicionar-se*, para Ivanic (1994), significa se fazer ver como um certo tipo de pessoa, ou assumir uma certa identidade.

O trabalho de Ivanic torna-se um exemplo de como as posições de cada participante de determinado grupo em relação aos outros integrantes desse mesmo grupo (por exemplo, professora, amigos e colegas) são influenciadas e constituídas por diferentes dimensões do discurso (como conteúdo e forma). Neste estudo, a abordagem crítica do discurso é adotada para a análise de como as escolhas discursivas feitas pela professora e pelos alunos dão forma às características do grupo social estudado (a comunidade da turma bilíngüe de 5ª série) e são modeladas por essas mesmas características.

As escolhas discursivas da professora não só nos indicam sua posição em relação ao grupo de alunos, mas também nos dizem como ela percebe a posição de seus alunos em relação a si mesma e aos outros. A mesma situação acontece com relação aos alunos que se envolvem nas práticas discursivas. Eles também enfrentam a necessidade de fazer escolhas sobre como se posicionar no grupo: como alunos, como amigos, como incapazes de aprender, ou como inteligentes e "superdotados". Essa perspectiva contribui para a identificação das expectativas e demandas de participação relacionadas com as diferentes posições sociais disponíveis aos participantes do grupo e que os orientam à medida que se envolvem na construção das oportunidades de aprendizagem na sala de aula, como sugerem Tuyay, Jennings e Dixon (1995).

Uma perspectiva contextualizada dos espaços interacionais de sala de aula é necessária para compreender como os participantes organizam as diferentes dimensões dos processos de ensino e aprendizagem e as implicações dessa organização para a construção das oportunidades de aprendizagem. Nesse sentido é que a abordagem Etnográfica Interacional foi apresentada como a orientação teórico-metodológica utilizada neste estudo para examinar esses aspectos. Apresentei uma visão geral dos conceitos principais (isto é, de cultura, de linguagem e de discurso) propostos por essa tradição, para exemplificar como ela pode influenciar a elaboração de uma *lógica de pesquisa* que visa investigar a estruturação de oportunidades de aprendizagem em salas de aula.

Embora as perspectivas integrantes dessa vertente (a Antropologia Cognitiva, a Sociolingüística Interacional e a Análise Crítica do Discurso) privilegiem diferentes focos analíticos, essas perspectivas partilham uma visão de cultura, linguagem e discurso como sendo construídos contextualmente, uma vez que as pessoas interagem entre si em diferentes espaços sociais. Entende-se que os processos de construção de conhecimento estabelecidos mediante a interação entre os participantes de um grupo fundamentam os princípios mediadores de ação entre os participantes e o que eles encontram no seu meio, como objetos, práticas culturais tais como leitura e escrita, e outras pessoas. Essa mediação é também vista como parte de entidades e posições sociais, já que ela influencia como a pessoa se vê e vê os outros no grupo (Fairclough, 1992)

Nas seções seguintes, continuo a examinar como uma abordagem etnográfica interacional pode influenciar e delinear a construção da *lógica de pesquisa* para o exame da construção das possibilidades coletivas de aprendizagem na sala de aula. Faço isso através do exame de conceitos importantes provenientes de trabalhos fundamentados nessa abordagem contextualizada.

Uma lógica de pesquisa: conceitos chaves da perspectiva etnográfica interacional

A visão geral das três perspectivas que influenciam a abordagem etnográfica interacional apresentada na seção anterior destacou alguns dos conceitos centrais que caracterizam cada uma dessas perspectivas e suas implicações para o estudo da vida na sala de aula. A escolha de uma abordagem etnográfica interacional tem conseqüências paradigmáticas para a conceituação e o estudo dos processos de aprendizagem. Tendo em vista que este estudo tem como foco o exame da construção social da aprendizagem pensada como imersa em possibilidades coletivas, é importante discutir a definição de aprendizagem e outros conceitos relacionados, provindos da perspectiva etnográfica interacional, que são utilizados neste estudo.

Aprendizagem a partir de uma perspectiva contextual

Uma visão contextualizada da aprendizagem fundamenta-se em estudos de interação social em diferentes espaços (por exemplo, família e escola), adotando teorias de cultura, da Sociolingüística Interacional e da Análise Crítica do Discurso. Atualmente, há um conjunto significativo de premissas importantes para a compreensão da natureza socialmente construída da aprendizagem resultante desses estudos. A primeira dessas premissas diz respeito à concepção de práticas de discurso (orais, visuais e escritas) como ferramentas culturais que os membros de um grupo usam para construir conhecimento, numa tradição que remonta a Bakhtin e Vygotsky e prossegue com Lemke (1990), Gee (1990), Bloome e Egan-Robertson (1993), Hicks (1995), Kelly e Crawford (1996), Green e Kelly (1998), dentre outros. Outra premissa decorrente desses estudos refere-se à compreensão de que à medida que participantes de uma turma interagem, ao longo do tempo, eles passam a agir como uma cultura, no sentido de que criam princípios para a ação (Frake, 1962; Spradley, 1980), estruturas culturais (Gee; Green, 1998) e conhecimento comum (Edwards; Mercer, 1987) que orientam a participação no grupo. Entende-se também que os membros de um grupo atribuem significados aos processos, objetos, práticas, sinais e símbolos que eles constroem na atividade do dia-dia e por meio dela. Conseqüentemente, os significados são de um grupo, não de um indivíduo, mesmo quando assumidos pelos indivíduos (Edwards; Mercer, 1987; Gaskins; Miller; Corsaro, 1992; Wittgenstein, 1958). Finalmente, com base em estudos e proposições teóricas de origens diversas, como Goodenough (1981), Kuhn (1970), Merton (1973), Spradley (1980), Erickson e Shultz (1981), Fairclough (1992), Green (1983), Heath (1982), Lin (1993), SBCDG (1992b), Green e Kelly (1998), compreende-se que, ao longo do tempo, os membros de um grupo constroem os sistemas semióticos, papéis e relações, normas e expectativas, direitos e obrigações que são sinalizados para os iniciados e para os iniciantes de forma semelhante por meio das ações e interações entre esses membros.

A partir dessas premissas, podemos compreender a aprendizagem como relacionada ao desenvolvimento das práticas dos membros de um grupo e também ao conhecimento construído por esse grupo. Isso quer dizer que, à medida que os membros interagem ao longo do tempo, eles dão forma e são formados pelos discursos (como propõem, por exemplo, Davies, 1993; Fairclough, 1992; Fernie; Kantor; Davies; McMurray, 1993; Gee, 1990; Collins; Green, 1992), desenvolvem definições locais do que significa ser aprendiz, ser aluno, ser leitor, ser escritor, ser membro do grupo, além de outros papéis e relações (de acordo com as postulações de Brilliant-Mills, 1993; Floriani, 1993; Yeager, Floriani e Green, 1996).

Os processos comunicativos e discursivos envolvem uma relação dinâmica e complementar entre conhecimento pessoal e conhecimento comum aos membros de um grupo – como pretendem Bloome e Egan-Robertson (1993), Gaskins, Miller e Corsaro (1992), Shepel (1995), Lima (1995)–, sendo, então, tanto um processo de grupo como um processo individual. Dessa perspectiva, entende-se a aprendizagem como construída não só na mente de um indivíduo, mas pelas interações entre participantes de um grupo social, à medida que essas interações vão acontecendo ao longo do tempo (Collins; Green, 1992; Marshall, 1992; Brunner, 1986; Vygotsky; Wertsch, 1991). É mediante a participação ativa nos processos discursivos estabelecidos pelo grupo, por exemplo, por meio da interpretação de significados sinalizados nos canais de comunicação oficiais e não-oficiais, conforme Green (1983), que os indivíduos aprendem a partir da construção da cultura do grupo e contribuem com ela (Lima, 1995).

Se a aprendizagem é para ser vista como uma construção que se dá por meio dos processos discursivos e é definida por eles, ela não pode ser explicada de um ponto de vista essencialista. Ao contrário, precisa ser entendida por meio da análise de diferentes dimensões discursivas e culturais implicadas no contexto da interação entre os participantes do grupo. Isso quer dizer que, para entender o que é considerado aprendizagem pelos membros do grupo, é necessário explorar o que os participantes precisam saber, entender, interpretar, fazer e produzir a fim de participar de formas social e culturalmente apropriadas nos eventos instrucionais desenvolvidos em sala de aula, como propõem Gumperz (1986), Heath (1982), Collins e Green (1992).

Além de entender como as interações entre os membros influenciam a definição do que é considerado aprendizagem num grupo específico, é necessário examinar as pressuposições lingüísticas, sociais e contextuais que os participantes trazem para os eventos instrucionais dos quais participam e cuja configuração vão construindo ao longo do tempo (GUMPERZ, 1986; COOK-GUMPERZ; GUMPERZ, 1992). As definições locais da identidade de um objeto (por exemplo, *aprendizagem*, *leitura*) provêm do que as pessoas fazem e do que dizem sobre o que fazem com esse objeto, segundo Heap (1991). Ao considerar os objetos ou pessoas em direção aos quais os participantes (isto é, professora e alunos) se orientam e os tipos de ações que eles aceitam como apropriados e pelos quais se consideram responsáveis, conforme Erickson e Shultz (1981), é possível extrair normas e expectativas para a participação nos eventos diários da vida da turma, de acordo com Collins e Green (1992). A identificação desses aspectos pode fundamentar a compreensão do que é considerado como aprendizagem para os participantes de um grupo específico, pois, como defendem alguns autores (BLUMENFELD *et al.*, 1992; COLLINS; GREEN, 1992; GREEN; HARKER, 1982; GREEN; KANTOR; ROGER, 1990; LAMPERT, 1986; MARSHALL, 1992), o que é considerado como aprendizagem em um espaço social específico – seja o processo ou o produto, seja a compreensão de conceitos ou a memorização de procedimentos – é construído por intermédio das interações do dia-dia entre professora e alunos.

Se os alunos chegam a ver a si mesmos como *bons de raciocínio, questionadores* ou *esquecidos*, isso acontece em razão dessa construção social.

Aprendizagem e construção de oportunidades de aprendizagem

Essa visão contextualizada de aprendizagem tem conseqüências para a compreensão de como as oportunidades de aprendizagem são discursivamente realizadas na sala de aula. Tuyay, Jennings e Dixon (1995) afirmam que as oportunidades de aprendizagem são produzidas na conversa dos participantes da turma (professora, alunos, professora assistente), por meio do discurso (oral e escrito), enquanto eles se envolvem na sua compreensão e negociação das demandas e expectativas, papéis e relações, direitos e obrigações para realizar as atividades de sala de aula.

Os processos interpretativos e discursivos são, portanto, centrais na própria construção das oportunidades de aprendizagem, já que as ações dos membros durante o desenvolvimento das atividades de sala de aula são mediadas pelos significados culturais produzidos no contexto da interação do grupo (Edwards; Mercer, 1987; SBCDG, 1995; Spradley, 1980; Gee; Green, 1998). Como foi apresentado anteriormente, esses significados culturais fundamentam a compreensão dos membros não só a respeito do que é para ser aprendido, mas também como as atividades devem ser desenvolvidas, quando e onde, com quem e com que propósito. Esse quadro de referências pode também informar como e quando deve ser manifestado e tornado visível o que foi aprendido durante o desenvolvimento das atividades (Heap, 1980). Pode-se dizer que esses aspectos são também "aprendidos" quando se participa como membro de uma sala de aula.

Dessa forma, situar a aprendizagem em possibilidades coletivas é examinar os processos discursivos e interpretativos por meio dos quais as oportunidades de aprendizagem

(Tuyay; Jennings; Dixon, 1995) são construídas interacionalmente pelos participantes à medida que interagem ao longo do tempo. Além disso, situar a aprendizagem em possibilidades coletivas é indagar sobre o que está potencialmente disponível para ser aprendido pelos alunos mediante sua participação e seu envolvimento na própria construção de oportunidades de aprendizagem. Estudos da interação em sala de aula, como os de Kelly e Green (1998), Crawford (1990), Brilliant-Mills (1993), Collins e Green (1992), Fernie, Davies, Kantor e McMurray (1993), permitem perceber que os alunos aprendem mais do que conteúdo acadêmico quando se tornam membros de uma sala de aula.

Contexto, estrutura de participação e competência comunicativa

O estudo da aprendizagem como algo situado nas possibilidades discursivamente realizadas encontra sustentação nas noções de contexto, estruturas de participação e competência comunicativa originadas a partir de estudos da Sociolingüística Interacional, em autores como Gumperz (1992), Erickson e Shultz (1981), Bloome e Egan-Robertson (1993) ou de uma abordagem etnográfica interacional, em trabalhos como Floriani (1993), Santa Barbara Classroom Discourse Group (1992), Collins e Green (1992).

Para Erickson e Shultz (1981, p. 148), a noção de contexto diz respeito a ambientes constituídos interacionalmente, imersos no tempo e no espaço, que podem ser alterados de momento a momento. Como foi definido por esses autores,

> Não se pode pensar em contexto simplesmente como dado pelo cenário físico – cozinha, sala de estar, a calçada na frente da drogaria – nem por combinações de pessoas (dois irmãos, marido e mulher, soldados do corpo de bombeiros). Ao invés disso, os contextos são constituídos pelo que as pessoas estão fazendo, onde e quando estão fazendo. Como Mcdermont (1976a) diz sucintamente, as pessoas em interação tornam-se

> ambiente umas para as outras. Em última instância, um contexto social consiste em definições compartilhadas e ratificadas de uma situação e em ações sociais das pessoas com base nessas definições.

Na concepção de Erickson e Shultz, os contextos estão "constantemente mudando, são constituídos mutuamente, são definições de situações" estabelecidas por meio de processos discursivos e interpretativos entre os participantes de um grupo. A idéia de que as pessoas se tornam ambiente umas para as outras coloca a mediação de outros como central no processo de construção do contexto: as pessoas estão constantemente sinalizando umas para as outras o que é a situação por meio de suas ações verbais e não-verbais e estão, simultaneamente, interpretando as ações/sinais que vêm de outros participantes da situação. Dessa forma, a construção do contexto social é baseada em processos de inferência conversacional e depende da produção de pistas verbais e não-verbais pelos participantes, bem como de sua sinalização sobre como as mensagens devem ser interpretadas a cada momento, como postulam Gumperz (1986), Cook-Gumperz e Gumperz (1992), Erickson e Shultz (1997), Green (1983).

As noções de "pistas de contextualização", "competência comunicativa", "estrutura de participação" e "estrutura do participante", que apresento a seguir, estão diretamente relacionadas com essa visão de contexto como construção.

As "pistas de contextualização" são usadas pelos participantes de uma conversa para produzir e interpretar significados, e incluem aspectos verbais, tais como sintaxe e itens lexicais, e aspectos não-verbais, tais como gestos, expressões faciais, *proxemics*[7] e prosódia.

A noção de "competência comunicativa", também relacionada com a compreensão de contexto como construção, é

---

[7] Pode-se conceituar *proxemics* como o uso interpessoal do espaço e da distância numa determinada comunidade.

baseada em uma visão de gramática como conhecimento compartilhado por uma comunidade de falantes, conforme Gumperz (1986, p. 54):

> A gramática de uma comunidade consiste de uma série de subsistemas, nem todos conhecidos por cada um dos membros. Supõe-se que os indivíduos precisam fazer escolhas entre as opções do sistema geral da comunidade, de acordo com os princípios da etiqueta lingüística e social específica das situações de discurso da qual eles querem fazer parte, ou que precisam controlar para realizar suas tarefas diárias.

Desse modo, a participação adequada de um indivíduo num grupo depende das escolhas que ele faz, com base em seu conhecimento das normas e valores culturais do grupo a respeito de quando falar, com quem falar e como falar numa certa situação. Dessa perspectiva, entende-se *competência comunicativa* como a habilidade de um participante de entrar numa situação e agir de acordo com a etiqueta lingüística e social peculiar a determinado grupo em determinada situação. O conhecimento e o controle que o participante tem das regularidades que caracterizam a gramática de uma comunidade de falantes (gramática considerada como conhecimento compartilhado quanto a como usar a linguagem ou como comunicar em eventos sociais) são vistos por Hymes (1972) e Gumperz (1986) como pré-condição para uma comunicação efetiva.

O conceito de "estrutura de participação" origina-se dos estudos etnográficos alinhados com essa perspectiva teórica e diz respeito às formas específicas de falar, ouvir, tomar a palavra e mantê-la, e às formas de liderar e ser liderado, que se aplicam a situações específicas. A noção de "estrutura do participante" foi proposta por Philips (1972), em estudos em que a autora demonstra como a participação verbal e não-verbal de crianças indígenas americanas numa sala de aula é influenciada pelas expectativas que elas trazem de sua comunidade lingüística com relação a como participar de interações sociais. Esses estudos forneceram elementos para a postulação de que, mediante participação em uma variedade de espaços sociais, os alunos desenvolvem um repertório de participação que é levado para outras interações sociais. É aos elementos desse repertório que a autora denomina "estrutura do participante".

Mudanças que ocorrem de momento para momento em um ambiente constituído interacionalmente correspondem a mudanças nos papéis e nas relações entre os participantes e resultam numa diferente configuração de ação conjunta ou em diferentes "estruturas de participação" (cf. ERICKSON; SHULTZ, 1981, 1997). Como conseqüência dessas mudanças, novas demandas e expectativas de participação são apresentadas aos participantes que têm que tomar decisões sobre como agir de acordo com as novas condições ou com a situação criada. Estudos como os de Heath (1983, 1993), Gallimore e Au (1997) e Heap (1991), dentre outros, relativos a essa questão e a aspectos a ela relacionados, têm mostrado que as diferenças entre as demandas e expectativas de participação em um contexto e o repertório do participante são fontes de conflito e podem resultar na avaliação negativa de alunos no cenário escolar.

Os aspectos envolvidos no processo de construção de contextos (por exemplo, processos interpretativos, competência comunicativa), conceituados de uma perspectiva lingüística interacional, sugerem que as demandas encontradas pelos participantes da sala de aula variam em sua natureza. Bloome e Bailey (1992, p.200) defendem, por exemplo, que

> para um aluno participar adequadamente dos eventos da sala de aula, ele precisa demonstrar competência comunicativa em níveis variados: estruturas de participante (por exemplo, tomar a palavra) registro (formal ou acadêmico), semântico (significado das palavras), intertextualidade (por exemplo, relação entre romance e dicionário). Grande parte da educação pode ser vista como um processo de adquirir competência comunicativa em espaços escolares. É através da participação em um evento que as pessoas desenvolvem a competência comunicativa para participar em outros eventos com ele relacionados.

Ao falar de educação como aquisição de competência comunicativa na escola, Bloome e Bailey (1992) tornam visíveis as formas pelas quais a competência comunicativa não só se faz constitutiva das oportunidades de aprendizagem, mas é também, ela mesma, um "objeto cultural" a ser aprendido. A competência comunicativa é constitutiva das oportunidades de aprendizagem, no sentido proposto por Fairclough (1992): a interação de suas diferentes dimensões (lingüística, prática discursiva e prática social), nos diferentes níveis enumerados por Bloome e Bailey, é socialmente modelada e também modeladora do social. Dessa forma, essa interação é constitutiva daquilo a que os alunos têm acesso e que, dessa forma, podem aprender na escola.

A competência comunicativa é um objeto cultural desenvolvido ao longo do tempo e dos eventos. Bloome e Bailey (1992) defendem que, para um aluno ser bem-sucedido, ele tem que ser um participante competente nos diferentes eventos interacionais ou nas situações criadas na sala de aula. Pode-se considerar que os elementos da competência comunicativa representam modos de ação social e historicamente situados, como quer Fairclough (1993), e que eles são definidos de acordo com a gramática de uma comunidade específica de falantes. Faz-se necessário, portanto, ao participante, entender a relação entre esses modos de ação, o que isso representa, e as conseqüências de seu uso para a produção da vida em determinado espaço social ou da transposição de modos consagrados num espaço para outro espaço.

A partir dessa perspectiva, pode ser necessário não só criar possibilidades para os alunos se envolverem em diferentes situações ou eventos na sala de aula, para que possam tornar-se participantes competentes em diferentes cenários, como também tornar essas demandas visíveis para os alunos. Isso pode capacitá-los a entender quais opções têm como usuários da língua e as conseqüências dessas opções para a criação de oportunidades de aprendizagem na sala de aula (ou para serem excluídos delas).

Continuidade de experiência, construção de conhecimento, intertextualidade e intercontextualidade

A concepção de contexto como ambiente constituído interacionalmente sugere que, além de serem definidos pelas ações (verbais e outras) dos participantes em determinado ambiente, os contextos têm várias camadas e estão ligados uns aos outros. Isso quer dizer, por exemplo, que as ações assumidas pelos participantes de uma turma são influenciadas pelos significados culturais construídos em outros contextos dos quais participam, como propõem Philips (1972), Erickson (1982), Weade (1992), Bloome e Bailey (1992). Os contextos locais são também influenciados e delineados pelas decisões produzidas em outras esferas sociais, como é o caso de situações em que decisões tomadas em níveis mais altos do sistema educacional (por exemplo, extinção da educação bilíngüe, parâmetros produzidos por departamentos do governo, inclusão de crianças de 6 anos na escola elementar) são levadas para a sala de aula.

Nessa perspectiva, considera-se que os significados construídos pelos membros de uma sala de aula específica sejam influenciados por outros significados, produzidos ou experimentados em outros cenários. Nessa linha de argumentação, Erickson (1982, p. 151-152) propõe que

> os indivíduos geralmente encontram informação armazenada através de símbolos que têm tanto uma história de aprendizagem quanto um uso culturalmente compartilhado. Dessa forma, os indivíduos podem ser indiretamente influenciados não só de um espaço para outro, mas também de um tempo para outro"

Subjacente aos argumentos usados por esses autores está a compreensão de que a construção de significado pelos indivíduos tem uma história que está fundamentada em sua interação com outros em diferentes contextos sociais. Dessa forma, entende-se a produção de significado como um processo construído conjuntamente e que está não só localizado em contexto interacional específico, mas que é, também, interdependente de símbolos/textos/contextos criados em outros espaços sociais e relacionados a eles.

A natureza da relação entre o contexto de uma sala de aula e outros contextos tem sido analisada de formas diferentes. Alguns autores, como Graue e Walsh (1998), por exemplo, apontam o fato de que uma sala de aula está inserida em camadas de contexto múltiplas e justapostas. Outros, como Bloome (1987) e Bloome e Green (1992), consideram o fato de que o contexto da sala de aula está relacionado a resultados produzidos em outros contextos sociais (por exemplo, programas sociais e ideológicos desenvolvidos pelo governo e por outras esferas administrativas) e é por eles influenciado. Há também pesquisadores, como Floriani (1993), Collins e Green (1992), que examinaram as formas pelas quais determinado evento está ligado a outros eventos constitutivos da história local de uma comunidade de sala de aula. Essa questão também foi tratada por Bloome e Bailey (1992) e Bloome e Theodorou (1988), ao observarem como, na sala de aula, os participantes lidam com as demandas e expectativas apresentadas por outros participantes de contextos interacionais paralelos.

É possível concluir, então, que, no espaço interacional da sala de aula, há variação, simultaneidade e multiplicidade de contextos que podem ser identificados ao longo do tempo e em diferentes espaços – como propõem Erickson e Shultz (1981, 1997); Chandleer (1992) – e em diferentes níveis sociais – conforme Bloome e Bailey (1992), Bloome e Green (1992), Dantas (1999), Erickson (1992). Há também contextos externos à sala de aula que influenciam o desenvolvimento da interação local estabelecida pelos membros durante o fluxo de atividades escolares, como observam Heath (1983), Philips (1972), SBCDG (1992). A conclusão de que um contexto local está conectado com outros contextos coloca um problema analítico diferente, qual seja: como examinar ou considerar a história ou a continuidade de experiências construídas na sala de aula, de contexto para contexto (Erickson; Shultz, 1981, 1997) ou de acontecimento para acontecimento (Bloome; Bailey, 1992).

Esses aspectos foram contemplados de formas diferentes. Collins e Green (1992) propuseram que uma forma de examinar a continuidade da experiência de aprendizagem na sala de aula seria identificando e analisando ciclos de atividades. O ângulo de análise proposto por Collins e Green implica a necessidade de observar o que é construído pelos participantes em diferentes acontecimentos e contextos que constituam um ciclo específico de atividades. Dantas (1999) investigou a questão da relação entre os contextos seguindo aspectos do currículo e da vida letrada em diferentes níveis de contexto separadamente: o distrito educacional e os parâmetros estaduais, a escola, a comunidade, a família e a sala de aula. Mediante sua análise, a autora tornou visíveis as ligações entre o currículo usado na sala de aula observada e os outros contextos interacionais.

As noções de intertextualidade (Bakhtin, 1986; Khristeva, 1980; Bloome, 1989; Bloome, 1992; Bloome; Egan-Robertson, 1993) e de intercontextualidade (Floriani, 1993, 1997; Putney; Green; Dixon; Duran; Yeager, 2000) são exploradas como ferramentas teórico-metodológicas para a compreensão e identificação das conexões entre acontecimentos e contextos.

A noção de intertextualidade proposta por Bloome e seus colegas é utilizada neste estudo em virtude de considerar a natureza simbólica das interações estabelecidas entre os participantes na sala de aula. A noção de intertextualidade, como foi proposta por esses autores, implica a compreensão de que as pessoas "textualizam" suas experiências interacionais. Desse ponto de vista, com base na perspectiva interacional, os eventos na vida na sala de aula podem ser vistos como textos que são produzidos pela professora e pelos alunos em suas ações e interações (orais e escritas) e por meio delas (Collins; Green, 1992; Green; Meyer, 1991; Weade; Green, 1989;

Bloome; Bailey, 1992; Bloome; Egan-Robertson, 1993). Os eventos-textos incluem os textos orais e escritos e as ações dos membros da comunidade da sala de aula. A natureza desses textos dá forma e influencia como outros textos interacionais serão construídos no futuro do grupo, segundo Floriani (1993) e Collins e Green (1992).

Bloome e Egan-Robertson (1993, p. 311), seguindo o trabalho de Bakhtin e seus colegas, consideram que a natureza socialmente construída da intertextualidade está relacionada com as formas como as pessoas agem com outras e reagem entre si:

> Nenhum texto – conversacional ou escrito – existe isolado; cada texto existe em relação a textos anteriores ou posteriores. No entanto, não se definem *a priori* quais os textos que estão ou estarão relacionados. As pessoas, interagindo entre si, constroem relações intertextuais através das formas pelas quais elas agem e reagem umas às outras. Uma relação intertextual é proposta, reconhecida, confirmada e tem importância social.

Como afirmaram esses autores, a mera existência de textos não constitui uma ligação intertextual. Floriani (1993, p. 257) se baseia no trabalho de Bloome e seus colegas para propor a noção de intercontextualidade. De acordo com essa autora, os próprios contextos podem ser justapostos e evocados de forma interacional pelos membros de um grupo e, como conseqüência,

> contextos anteriores, com seus papéis, relações, textos e significados negociados tornam-se recursos para os membros examinarem eventos passados, resolverem diferenças na interpretação e compreensão, e definirem as bases para a revisão e modificação do presente à luz do passado e vice-versa. Dessa forma, os contextos anteriores informam o contexto presente que está sendo construído e compromete contextos futuros.

O exame de como os participantes produzem conexões intertextuais e intercontextuais é usado neste estudo como procedimento que serve de base para a análise das inter-relações entre diferentes contextos e significados culturais, do ponto de vista dos participantes, e das inter-relações históricas e sociais entre diferentes oportunidades de aprendizagem.

CAPÍTULO 3

CARACTERIZAÇÃO DA LÓGICA DE INVESTIGAÇÃO ADOTADA NA PESQUISA

Neste capítulo, apresento uma visão geral sobre a lógica de investigação adotada para o desenvolvimento desta pesquisa. Faço isso ao tecer considerações relativas ao objeto de estudo focalizado, à abordagem adotada para o seu exame, aos procedimentos teórico-metodológicos utilizados nos processos de coleta, análise e representação dos dados e, ainda, ao informar sobre o local onde a pesquisa foi desenvolvida, seus participantes e sobre a minha entrada no campo de pesquisa.

Esta pesquisa é um estudo sociolingüístico, interativo e etnograficamante fundamentado, realizado com o objetivo de explorar uma abordagem contextualizada, conforme Heap (1991), no estudo da aprendizagem. Não é um relatório etnográfico, mas sim uma abordagem fundamentada na etnografia para contextualizar analiticamente processos de inclusão e aprendizagem desenvolvidos em sala de aula. Tomei a descrição e a análise dos padrões de interação e práticas de letramento desenvolvidas em uma turma de 5ª série bilíngüe como ponto de partida para o exame conceitual do modo como as oportunidades de aprendizagem foram construídas como resultado da interação entre os recursos coletivos e a ação dos participantes. Por meio dessa análise demonstro como é fundamental o papel do discurso no processo de construção de oportunidades de aprendizagem e também na definição do posicionamento social dos participantes.

A utilização de uma abordagem etnográfica foi vista como necessária para a realização do estudo da vida escolar nessa turma bilíngüe de 5ª série, a partir do ponto de vista dos seus participantes e para a produção de um relato situado daquilo que foi considerado aprendizagem naquele contexto. Entendi que a adoção da abordagem etnográfica seria necessária também para o exame de como os padrões de interação e as práticas discursivas foram desenvolvidos à medida que os participantes do grupo interagiam ao longo do tempo. A identificação de padrões e princípios que orientam a participação no grupo foi feita a partir da observação de como os participantes organizavam suas atividades diárias, se envolviam em conversas, produziam e usavam objetos, organizavam e usavam o espaço da sala de aula. Para tal, apoiada em Collins e Green (1992) e Green e Meyer (1991), utilizei uma série de perguntas para orientar o processo analítico: quem podia fazer ou dizer o quê, para quem ou com quem, quando, onde, com que propósito, em que condições, com que resultados.

Ao examinar essas questões, produzi elementos para a realização de duas tarefas etnográficas: a exploração das relações todo-parte e parte-todo e o uso de "relevância contrastiva", conforme Gee e Green (1998) e Hymes (1977), para chegar a uma compreensão holística dos contextos histórico, cultural ou social, tal como também recomendam Erickson (1977), Putney, Green, Dixon, Duran e Yeager (2000), ao invés de codificar comportamentos, acontecimentos ou episódios isolados ou pedaços discretos de fala. Por meio da análise das escolhas discursivas (palavras e ações) feitas por participantes, produzi uma compreensão contextualizada das funções e dos significados que as práticas culturais (por exemplo, leitura, escrita, aprendizagem) teriam para os membros do grupo observado.

Green e Bloome (1997), ao analisarem a variação da definição de etnografia por parte de diferentes instituições e grupos intelectuais, identificaram três abordagens predominantes. A primeira delas é caracterizada pelo enquadramento, pela conceituação, realização, interpretação e escrita, e pelo relato associados a um estudo amplo, aprofundado e de longo prazo de um grupo social ou cultural, respeitando-se os critérios para se fazer etnografia em determinada disciplina ou campo; a segunda abordagem caracteriza-se por uma perspectiva analítica focalizada em um aspecto específico da vida diária e das práticas culturais de um grupo, com a orientação de teorias culturais; a terceira abordagem caracteriza-se pela exploração de métodos e técnicas geralmente associados com trabalho de campo etnográfico, não necessariamente com a orientação de teorias culturais. A abordagem que adotei para o desenvolvimento deste estudo corresponde ao segundo grupo identificado por Green e Bloome, uma vez que explorei a perspectiva etnográfica orientada por teorias culturais da antropologia cognitiva, no estudo de como as oportunidades de aprendizagem resultam das ações dos participantes à medida que interagem na sala de aula.

Como discuti no capítulo 2, combinei a utilização de uma perspectiva etnográfica com duas outras perspectivas teóricas e metodológicas para o estudo do discurso – a sociolingüística interacional e a análise crítica do discurso. A exploração dessas abordagens teóricas e metodológicas ampliou o "potencial expressivo" (Strike, 1974) deste estudo, já que essas disciplinas oferecem uma perspectiva complementar para se entender o uso da linguagem como processo inferencial e como prática social. A abordagem sociolingüística interacional torna possível o estudo da língua *na* sala de aula e da língua *da* sala de aula; possibilita, também, que se entenda como contextos de aprendizagem são criados, influenciados e delineados por critérios e princípios que definem o uso adequado e esperado da língua. A análise crítica do discurso torna possível examinar como as posições dos participantes em relação aos outros (por exemplo, amigo, aluno, professora) são construídos e constituídos por diferentes dimensões do discurso (conteúdo e forma).

A partir de uma perspectiva etnográfica, o desenho desta pesquisa estruturou-se como um "ciclo interativo-responsivo" (Zaharlic; Green, 1991; Spradley, 1980; Green; Dixon; Zaharlic, 2001). O interesse inicial de observar a integração dos alunos com dificuldades de aprendizagem nas práticas de letramento desenvolvidas em sala de aula foi reinterpretado à luz da compreensão que fui desenvolvendo de que essa questão precisava ser considerada no contexto de um quadro mais amplo, relativo àquilo que constituía a cultura do grupo.

Ao chegar à turma a ser observada, decidi explorar, sem privilegiar um único foco, as interações estabelecidas entre os participantes e as atividades desenvolvidas por eles como forma de fundamentar minha compreensão do que se construía no nível coletivo da sala de aula e dos tipos de oportunidades de aprendizagem potencialmente disponíveis aos alunos. Esperava que o conhecimento de como os participantes organizavam sua vida cotidiana na sala de aula me permitisse compreender como essa organização informava a definição local do que significava ser aluno naquele espaço social particular. Em razão disso, considerei necessário examinar esses aspectos visando criar uma base que me possibilitasse contrastar e identificar semelhanças e diferenças relacionadas com o que era considerado, por exemplo, ser *um aluno normal* e *um aluno com dificuldades* na comunidade estudada. Dessa forma, as questões que orientaram o processo inicial de coleta de dados eram de natureza mais geral: como a vida é organizada nessa sala de aula? Como os participantes usam o tempo e o espaço nessa sala de aula? Como os participantes falam uns com os outros? O que fazem a professora e os alunos enquanto interagem uns com os outros? Que tipos de atividade os participantes desenvolvem quando estão trabalhando juntos?

Para lidar com perguntas dessa natureza atuei como "observadora participante" (Spradley, 1980) e documentei as atividades e acontecimentos nos quais os membros do grupo estiveram envolvidos. Novas perguntas foram surgindo em razão da ampliação de minha compreensão das características da comunidade observada, decorrente das possibilidades criadas a partir da participação no grupo como etnógrafa por um longo período. Um aspecto que compreendi progressivamente foi o fato de que a vida nessa sala de aula estava organizada em ciclos de pesquisa (por exemplo, o *Projeto da Melancia*, o *Jantar de Espaguete*, o *Projeto da História da Ilha*[8] etc.) Mediante desenvolvimento desses ciclos de pesquisa os alunos engajavam no desenvolvimento de certas práticas, como coleta de dados, análise de dados a partir de diferentes pontos de vista, argumentação com base em evidências. O conhecimento desses ciclos de pesquisa permitiu-me planejar observações nos dias que certos eventos interacionais iriam ocorrer, dentro de um ciclo de atividades previamente identificado (FLORIANI, 1997; FRANQUIZ, 1995). Com base nesse conhecimento, pude, por exemplo, identificar e selecionar horários específicos para observar, como aqueles em que estivesse sendo desenvolvida uma discussão que daria forma à participação nesses ciclos (primeiros dias dos ciclos). Esse conhecimento também permitiu que eu identificasse dias subseqüentes nos quais houvesse atividades relacionadas à avaliação do que tinha sido realizado pelo grupo.

Conhecer a rotina semanal da turma também me permitiu escolher dias e momentos nos quais eu gostaria de estar na sala de aula dado o meu interesse no desenvolvimento de atividades de escrita ou leitura que dissessem respeito à vida

---

[8] O *Jantar de Espaguete* envolveu, dentre outras atividades, pesquisas de preço em diversos supermercados, seleção de produtos a serem adquiridos, estabelecimento de preço a ser cobrado pelo prato a ser servido no jantar para as famílias dos alunos. A renda levantada deveria ser suficiente para o custeio da excursão ao Museum da Tolerância, situado em Los Angeles. O ciclo de atividades História da Ilha foi desenvolvido durante quatro meses. Nesse projeto de pesquisa, alunos, organizados em grupos, elaboraram teorias sobre uma civilização imaginária/fictícia, buscando explicar como essa civilização se estabeleceu em uma ilha do Pacífico, de que forma era organizada (formas de sobrevivência, trabalho, religião, economia, costumes) e as causas de sua extinção. Semelhante a práticas de pesquisas da arqueologia, os alunos deveriam apresentar artefatos (mapas, roupas, documentos etc.) e argumentos que dessem suporte às suas teorias (cf. FLORIANI, 1993). O *Projeto da Melancia* será discutido no capítulo 4.

dos *alunos com dificuldades de aprendizagem* Esses aspectos informaramas minhas decisões sobre como e quando realizar observações focalizadas da participação desses alunos nas atividades desenvolvidas pelo grupo. Embora tivesse decidido utilizar os alunos com dificuldades de aprendizagem como "unidadepivô" (de acordo com o conceito de Green, 1983), essa decisão não limitou a minha observação do que estava acontecendo na sala de aula no plano coletivo. Pelo contrário, procurei entender a natureza das ações e da participação desses alunos em contraste com a compreensão da natureza das atividades desenvolvidas pelo grupo. Dessa forma, as observações levaram em conta a relação entre o que estava sendo desenvolvido nos dois planos da comunidade da sala de aula: o coletivo e o individual.

Orientei, assim, o processo de coleta de dados pelo objetivo de produzirrecursospara o exame aprofundadode como a definição do que era considerado *aluno com dificuldade* era substanciada pelo que os membros da turma precisavam saber, entender, produzir, interpretare prever para que pudessem participar da vida diária da sala de aula e com ela contribuir. No intuito de atingir esse objetivo, foram utilizadas diversas formas de coleta de dados: filmagens, notas de campo, coleta de textos produzidospelos alunose pela professora (por exemplo, desenhos, cartas, dever de casa, textos reflexivos, relatóriode atividades); entrevistas com os alunos e com a professora; gravação em áudio e em vídeo. Houve também produção de dados a partir da transcriçãodos vídeos, da criação de quadros a respeitode segmentosdos vídeos, mapas de eventos e ciclos de atividades diárias da sala de aula.

A perspectiva teórica adotada e o interesse em estudar como a aprendizagem individual está imersa em possibilidades coletivas orientaram a definição do posicionamento da câmara durante as filmagens. Decidiu-se utilizar uma lente grande angular, de forma a permitiro registrodo que acontecia no espaço coletivo da sala de aula e, quando necessário, em razão de mudanças na organização espacial da turma (por exemplo, realização de trabalhos em grupo), focalizar alunos pivôs no desenvolvimento de suas atividades ou outros grupos de alunos. Dessa forma, os dados gravados em vídeo possibilitaram recuperar o contexto interacional em que as ações de determinados indivíduos ocorreram.

Os dados coletados em 1996 e 1997 somaram 226 horas, que variaram de seis horas/dia, durante as primeiras semanas de aulas, até três ou quatro horas nos outros dias, durante o resto do ano. Esse processo de coleta de dados foi realizado em duas fases: uma fase exploratória geral e uma fase focal, segundo a orientação proposta por Spradley (1980). A fase geral correspondeu ao primeiro mês de coleta de dados, no qual a filmagem diária das interações estabelecidas em sala de aula resultou em aproximadamente 80 horas de fitas de vídeo e de notas de campo, que registravam, de maneira densa, as atividades observadas diariamente. Essa abordagem continuou numa escala menor (filmagem do turno da manhã) durante o segundo mês de coleta de dados, o que resultou em 38 horas de filmagem e notas de campo relativas a esse período de observação.

Durante a segunda fase de coleta de dados, de novembro a junho, considerei critérios variados para a filmagem de atividades desenvolvidas na sala de aula, buscando representar diferentes aspectos da vida naquela turma de 5ª série. Por exemplo, acontecimentos desenvolvidos semanalmente (clube de leitura, produção de textos, desafio da semana[9]); diferentes tipos de espaço interacional (classe inteira; grupos de trabalho); interação entre *alunos com dificuldades de aprendizagem* e outros alunos. Por estar na sala com tanta freqüência,

---

[9] No início de cada semana de aulas, a professora propunha aos alunos um desafio que demandava raciocínio lógico para a solução de enigmas diversos (charadas, problemas matemáticos etc.). Em geral, eram dados aos alunos cerca de quatro dias para responder ao desafio proposto. Após esse período, dois ou mais alunos eram solicitados a expor o processo desenvolvido para chegar à resposta apresentada por eles. Nesses momentos, a ênfase da discussão consistia na comparação de semelhanças e diferenças entre as abordagens adotadas pelos diferentes alunos para solução do problema e de suas conseqüências na produção de respostas iguais ou não.

tive também a oportunidade de observar as atividades que a professora não havia planejado previamente, mas que aconteceram como resultado de circunstâncias especiais (por exemplo, reunião da turma para discutir problemas resultantes do envolvimento de um dos estudantes com *gangs*, discussões sobre andamento de trabalhos e sobre problemas de relacionamento entre alunos, festa de despedida para um aluno que se mudou, escrita de cartas para outro que se ausentou por período prolongado).

Como é próprio da abordagem etnográfica interacional, a análise de dados também correspondeu a um processo interativo-responsivo que envolveu a proposição de diferentes séries de perguntas e exigiu o desenvolvimento de procedimentos analíticos específicos para o exame de cada uma delas. As perguntas iniciais eram de natureza abrangente e estavam relacionadas com a compreensão do que era considerado ser um aluno com ou sem dificuldades de aprendizagem na turma observada, ou com a identificação dos tipos de oportunidades de aprendizagem a que os alunos tiveram acesso nessa turma. O que é considerado *ser aluno* e *ser aluno com dificuldades de aprendizagem* nessa sala de aula? A que tipo de oportunidade de aprendizagem os alunos têm acesso nessa sala de aula? Para responder a essas perguntas gerais, propus perguntas que orientaram a análise de dados relativos a aspectos da vida cotidiana no grupo: a natureza da organização da vida na turma e os tipos de eventos interativos construídos pelos participantes. Como a vida nessa sala de aula está organizada? Que eventos são construídos pelos participantes em suas interações cotidianas?

Dessa forma, inicialmente, para compreender como a vida era organizada nessa turma de 5ª série, identifiquei eventos interacionais que aconteciam nos diferentes dias de aula. Orientada por esse objetivo, transcrevi, em unidades de mensagem, os dados coletados em vídeo relativos aos primeiros dias de aula. Essa transcrição foi produzida com a utilização do programa *C-Video* e serviu como base para a produção de mapas de eventos de cada dia transcrito. Os mapas dos eventos interacionais ocorridos nos diferentes dias escolares foram comparados e contrastados, para que pudessem ser identificados os padrões de utilização do tempo e do espaço, os temas culturais predominantes e os conteúdos acadêmicos trabalhados.

Nesse processo de análise, propus uma nova série de perguntas que orientaram o próximo passo analítico, relacionado ao exame do que foi realizado pelos participantes em cada um dos eventos e a como esses eram posicionados e se posicionavam nesses eventos. O que foi realizado pelos participantes mediante a construção dos eventos identificados? Como os alunos se posicionaram nesses eventos? Para lidar com essas perguntas produzi mapas mais detalhados dos eventos, nos quais descrevi as ações dos participantes nas diferentes fases dos eventos. Com o desenvolvimento desse processo analítico, redefini o foco do estudo e propus questões a respeito de como as oportunidades de aprendizagem foram construídas na sala de aula a partir da contribuição de diferentes participantes e de como essas contribuições poderiam ser analiticamente representadas. Como as oportunidades de aprendizagem são construídas nessa sala de aula? Como os diferentes participantes contribuem para esse processo de construção? De que formas esse processo de construção pode ser representado?

Com o estabelecimento desse novo grupo de questões, foi necessário tomar decisões sobre os tipos de procedimentos analíticos que deveriam ser desenvolvidos para lidar com elas. Dessa forma, a essa mudança de foco correspondeu uma mudança no tipo de descrição e representação dos eventos interacionais analisados. Essas descrições e representações mudaram de macroanalíticas para microanalíticas e buscaram representar como esses eventos resultaram das ações (verbais ou não) dos participantes a cada momento da interação.

Decidi, então, usar eventos-chave, no dizer de Gumperz (1986), identificados por meio das análises realizadas anteriormente, como "casos expressivos" – *telling cases*, na expressão de Mitchell (1984) –, para que pudesse explorar de diferentes ângulos o processo interacional estabelecido entre participantes de momento a momento.

O conceito de casos expressivos foi proposto por Mitchell (1984), ao argumento de que acontecimentos descritos de forma etnográfica podem ser utilizados para produzir inferências lógicas ou generalizações que iluminem aspectos obscuros de uma teoria geral. Para selecionar e analisar esses casos expressivos, explorei o conhecimento que adquiri das conexões entre eles e dos contextos que os influenciam com base não só na natureza intensiva do processo de coleta de dados por meio da observação participante, como também na série de análises constitutivas das primeiras fases do processo analítico. Esse conhecimento subsidiou a minha avaliação da importância de três casos expressivos, dois dos quais são apresentados neste estudo: o primeiro dia de aula e a interação entre dois alunos enquanto produziam, juntos, um texto escrito em meados do ano escolar.

A apresentação do primeiro dia de aula como caso expressivo demandou o re-mapeamento dos eventos interacionais ocorridos nesse dia, incluindo outras categorias analíticas: descrição de ação, de mudanças em espaços interacionais, subevento e, oportunidades de aprendizagem disponíveis aos estudantes. Com base nesse processo analítico, foi possível realizar o contraste entre as maneiras como os diferentes participantes foram posicionados e se posicionaram em relação uns aos outros nos vários eventos resultantes do processo de interação entre eles. Além disso, foi possível examinar as escolhas discursivas dos participantes durante os diversos eventos de que participaram, as mudanças ocorridas na orientação dos participantes e nas estruturas de participação e as implicações desses aspectos para a produção daquilo a que os alunos poderão ter acesso e, portanto, aprender na escola.

A construção do momento de produção de texto por uma dupla de alunos como caso expressivo também envolveu a sua localização no fluxo do ciclo de atividades em que esse momento ocorreu e em relação à seqüência de eventos interacionais resultantes da interação entre participantes. O conceito de intertextualidade e os critérios para examinar sua produção social propostos por Bloome e Egan-Robertson (1993) foram explorados para analisar as conseqüências sociais das ações dos participantes na definição de seu posicionamento como alunos, daquilo que conta como aprendizagem e escrita para o grupo estudado e de diferentes aspectos e dimensões constitutivos da produção de uma tarefa escolar.

Depois de apresentar uma discussão geral da lógica de investigação utilizada neste estudo, caracterizo, nas próximas seções, alguns dos procedimentos metodológicos utilizados nesse processo. Essa caracterização não pretende ser abrangente, porque ofereço, nos próximos capítulos, mais detalhes de como cada caso foi analisado. Assim, apresento apenas informações gerais sobre os procedimentos analíticos que constituíram a base para a produção das diferentes análises apresentadas nos capítulos seguintes.

Descrição de alguns procedimentos analíticos

A lógica de investigação utilizada neste estudo exigiu o desenvolvimento de vários tipos e níveis de análise. Alguns exemplos dessas análises são: a produção de transcrições de dados de vídeo e áudio, a produção de diferentes tipos de mapas de eventos ou de estruturação e análise semântica. Muitos dos dados coletados neste estudo foram em forma de vídeo. Fiz a transcrição desse material por meio da representação de variações que estavam relacionadas com diferentes perguntas a respeito desses dados, as quais foram orientadas teoricamente e feitas de acordo com os propósitos analíticos da pesquisa (Ochs, 1979; Green; Franquiz; Dixon, 1997).

O uso do programa C-Vídeo

O passo inicial na análise e representação dos dados em vídeo foi fazer uma primeira versão de transcrição utilizando um programa chamado C-Vídeo, que permite fazer a marcação do tempo (*carimbando*, em resposta a um comando, um selo de hora/minuto/segundo – por exemplo, 00:23:14) em um arquivo compatível com documentos do programa *Word*, onde se registrava o que estava sendo dito ou feito pelos participantes da interação. Essas marcações foram feitas para sinalizar diferentes aspectos, como mudanças de atividade, falante, língua falada (inglês ou espanhol). Inicialmente, essa marcação teve dois objetivos: registrar quando uma cadeia de atividade ocorreu e permitir o retorno automatizado ao mesmo ponto da fita de vídeo, quantas vezes isso fosse necessário. A Quadro 2 apresenta um exemplo de transcrição produzida usando-se o programa C-Vídeo.

A transcrição apresentada no Quadro 2 será utilizada para discutir alguns dos aspectos envolvidos no processo de transcrição e representação dos dados do vídeo. É possível observar no Quadro 2 que as marcações de tempo foram feitas várias vezes no segmento de fala apresentado. Essas marcações serviram para destacar diferentes aspectos da conversa que acontecia entre a professora e seus alunos. Por exemplo, as marcas de tempo 00:23:14 e 00:23:23 indicaram o momento que o código da professora mudou de espanhol para inglês. As marcas 00:23:33, 00:23:43 e 00:23:50 registram os momentos em que a fala da professora teve mudança de conteúdo ou objetivo: no primeiro segmento, ela faz uma apreciação sobre o que representariam as diferenças na maneira de registrar as datas ("não me pergunte por quê / isso não faz sentido/ com o resto do mundo"); no segundo, ela confere se todos os alunos haviam anotado a data em seus cadernos ("todo mundo anotou a data"); no terceiro, inicia comentários sobre a demanda por parte dela e de suas auxiliares (professora assistente e estagiária) de que os alunos sempre

QUADRO 2

Exemplo de primeira versão de transcrição, feita com uso do programa C-Vídeo

Professora	Tradução
00:23:14 en europa	00:23:14 na europa
y mexico	e méxico
y los demas de el mundo	e nos outros lugares do mundo
este es el dia	este é o dia
y este es el mês	e este é o mês
en los estados unidos	nos estados unidos
este es el mês	este é o mês
este es el dia	este é o dia
00:23:23 in europe	00:23:23 na europa
and all	e em todos
the rest of the world	e no resto do mundo
this number	esse número
would be the day	seria o dia
and this number	e esse número
would be the month	seria o mês
in the united states	nos estados unidos
it is reverse	é o contrário
00:23:33 don´t ask me why	00:23:33 não me pergunte por quê
because it doesn´t make sense	porque isso não faz sentido
with the rest of the world	com o resto do mundo
but this is the month	mas esse é o mês
this is the day	esse é o dia
00:23:38 ok	00:23:38 ok
luckily	a sorte
they are the same today	é que eles são iguais hoje
and it is nice	e isso é bom
nine	nove
nine	nove
nineteen	mil e novecentos e
nine six	noventa e seis
00:23:43 everybody has the date	00:23:43 todo mundo anotou a data
00:23:50 now	00:23:50 agora
Shelly and I	shelly e eu
want you to be sure	queremos ter certeza
and miss Brown	e a senhorita brown
wants to be sure	quer ter certeza
that on every single thing	que em qualquer coisinha
you ever do	que vocês fizerem
you have the day	vocês tenham anotado a data

registrassem a data em qualquer coisa que fizessem na sala de aula (agora / Shelly e eu queremos ter certeza / e a senhorita Brown quer ter certeza / que em qualquer coisinha que vocês fizerem / vocês sempre/ anotarão a data). Esse passo inicial da transcrição, com marcação de mudanças dessa natureza, envolve uma análise retrospectiva, em que cada momento é comparado com aquele que o precedeu e com aquele que o seguiu.

Deve-se observar que, no Quadro 2, a fala é representada em pequenos grupos de palavras dispostos em cada linha, ao invés de ser apresentada, por exemplo, na forma de frases gramaticais completas. Esse formato representa o menor nível de análise – "unidade de mensagem" – identificado no que o falante disse. Nos trabalhos de Bloome e Egan-Robertson (1993), Green e Wallat (1981), Kelly e Crawfrord (1996), define-se "unidade de mensagem" como unidade de significado lingüístico demarcada pelos limites da emissão identificados por meio de sinais contextualizadores, como tonicidade, entonação, pausa e até gestos, segundo Gumperz (1992). Como a representação desses elementos por sinais gráficos diversificados muitas vezes dificulta a leitura da transcrição, decidiu-se destacá-los apenas nos momentos que se julgasse necessário, ao comentar ou analisar os quadros e as figuras elaborados para representar as ações dos participantes em sala de aula.

A unidade de mensagem é vista por Green e Wallat (1979) como unidade social (pragmática) mínima, e não como unidade lingüística (gramatical), de modo que a identificação da relação semântica existente entre elas fornece elementos para que o pesquisador interprete a intenção do ato dos falantes, conforme postulam Gumperz (1986) e Kelly (1999), além de Green e Wallat (1979). A análise da relação semântica entre unidades de mensagem possibilita a identificação de outras unidades analíticas do discurso (por exemplo, unidades de ação, unidades de seqüência instrucional, eventos). Nos capítulos 4 e 5, essas unidades de análise são descritas mais detalhadamente, à medida que se explicar como foram usadas para analisar a interação entre os participantes. Nas transcrições apresentadas neste estudo, as unidades de mensagem são apresentadas cada uma em uma linha ou, então, separadas pelo uso do sinal /. Decidi pela apresentação da transcrição em inglês ou espanhol, acompanhada da tradução em português, que está indicada pelo uso de parênteses.

Mapeamento dos eventos

Os mapas de estruturação representando como a interação entre os participantes da sala de aula foi organizada foram construídos usando o tipo de transcrição apresentado na Quadro 2 e outras fontes de dados (por exemplo, notas de campo e gravação em áudio) como suporte analítico. Um dos tipos de mapa de estruturação produzido foi o mapa de eventos. Esses mapas têm como objetivo identificar os diferentes eventos interacionais que resultaram da interação entre participantes. Neste estudo, define-se evento como o conjunto de atividades delimitado interacionalmente em torno de um tema comum num dia específico. Um evento não é definido a *priori*, mas é o produto da interação dos participantes. É identificado analiticamente observando-se como o tempo foi usado, por quem, em quê, com que objetivo, quando, onde, em que condições, com que resultados, bem como os membros sinalizam mudança na atividade.

Os mapas de eventos são construídos analisando-se o discurso e as ações dos membros de um grupo num lugar e tempo específicos. Isso permite ao pesquisador examinar retrospectivamente o fluxo de interação, como sugerem Erickson e Shultz (1981), representar a natureza episódica da vida na sala de aula, de acordo com Castanheira, Crawford, Green e Dixon (2001), e também identificar as fronteiras entre as atividades desenvolvidas pelos participantes. Ao contrastar as ações dos participantes e o que foi realizado por eles a cada momento da interação, torna-se possível identificar aspectos constitutivos dos eventos interacionais: seu momento inicial e final, a natureza de suas diferentes fases e as mudanças no propósito das atividades desenvolvidas pelos participantes. O capítulo 4 traz uma discussão mais aprofundada desses aspectos.

Alunos pivôs no fluxo de atividades

Os mapas de eventos foram também utilizados como forma de situar as atividades desenvolvidas por *alunos com dificuldades de aprendizagem*, dentro do fluxo das atividades desenvolvidas no nível coletivo da sala de aula. Uma amostra desse procedimento analítico é apresentada no ***Quadro 3.1***.

QUADRO 3

Mapa de eventos para situar as ações dos alunos âncoras no fluxo das atividades

Evento	Turma	Samuel	Bill	Abel
2. Jogo do nome – Explicando os procedimentos para o Jogo do Nome	Os alunos estão assentados em grupos e ouvem a professora.	Samuel está ouvindo a professora como os demais alunos.	Bill está ouvindo a professora.	Abel faz uma piada e a professora diz: "Abel vai/ pensar o que diz /antes de falar"
– Selecionando adjetivos para se representar	Alunos, em grupos, iniciam escolha de adjetivos iniciados com primeira letra do nome próprio. Professora e suas auxiliares vão aos grupos ajudar os alunos. (Obs: Não há evidência de que Samuel, Bill e Abel foram tratados de forma diferente pelas professoras)	A estagiária ajuda grupo do qual Samuel faz parte. Geraldo pega um dicionário. Samuel chama a professora., que conversa com ele. Ele escreve no cartão, observado pela professora que espera que termine. Então, ela ajuda Juan, que também está assentado à mesa 5.	Roger e Hugo pegam dicionário na estante. Poucos segundos depois, Bill faz o mesmo. Abel, Bill e Roger estão fazendo brincadeiras entre si enquanto escolhem adjetivos. Quando Abel e Roger vêm a prof. Deixando a mesa 5, eles levantam as mãos. A profa. fala com eles. Depois de falar com Roger, a profa. Pergunta a Bill: Qual é o seu, Bill? Bill responde (inaudível). A profa. diz: "escreva um". Bill começa a escrever. A professora.diz: "bouncing", Bill, é isso?". A professora. sai e vai para a mesa 4.	

O exemplo apresentado no Quadro 3 é uma representação parcial desse tipo de mapa de estruturação e não representa a totalidade do evento focalizado, chamado "Jogo dos Nomes". Esse procedimento analítico permitiu que se contrastassem as ações de alunos com o que estava acontecendo no plano coletivo da sala de aula (segunda coluna da esquerda para a direita) durante o desenvolvimento de um evento (os eventos estão listados na coluna da extrema esquerda do Quadro 3). O que os alunos observados como unidades pivôs estavam fazendo durante o desenvolvimento desse evento está registrado em colunas separadas (Samuel, Bill e Abel). A descrição das atividades desses alunos se refere ao que estavam fazendo e com quem estavam interagindo (por exemplo, com professora ou com outros alunos). As colunas referentes às ações de Bill e Abel, assentados no mesmo grupo, foram mescladas nos momentos em que agiam conjuntamente ou conversavam um com o outro.

O contraste entre o que acontecia no nível coletivo da sala de aula e o que cada um desses três alunos estava fazendo tornou visível, por exemplo, que não havia nenhuma evidência de que eles eram tratados ou agiam de forma diferente dos outros alunos durante o desenvolvimento das atividades em sala de aula. Esse procedimento foi usado especificamente para verificar se e como os alunos se incluíam e se excluíam como participantes das atividades desenvolvidas na sala de aula. Esse procedimento foi aplicado a outros dias escolares e constituiu um dos recursos para fundamentar o exame das questões de inclusão e para a identificação do caso expressivo analisado no capítulos 5.

Análise de domínio semântico

Outro procedimento utilizado em diferentes momentos da análise de dados foi a análise do domínio semântico, que permite identificar, categorizar e examinar a relação entre diferentes elementos que constituem a cultura do grupo (por exemplo, objetos, ações, temas discursivos, etc.). Adaptei as relações semânticas propostas por Spradley (1980) – por exemplo, x é um tipo de y, x é um jeito de fazer y – para examinar que tipos de tópicos foram introduzidos ou discutidos por quem e quando, que papéis estavam disponíveis para ser assumidos, que tipos de práticas inclusivas eram adotados, que tipos de texto foram escritos pelos alunos durante o ano. O desenvolvimento da análise de domínio me possibilitou mapear os significados compartilhados e os enquadramentos culturais e de conhecimento comum que guiaram a participação no grupo observado, uma vez que eram manifestados pelas ações dos participantes.

Informações sobre a turma observada e o processo de entrada em campo

O estudo foi realizado durante o ano escolar iniciado em agosto de 1996 e finalizado em junho de 1997, numa sala de aula bilíngüe de 5ª série, localizada numa escola primária pública, em Santa Bárbara, Califórnia. A sala de aula dessa turma se localizava na torre do prédio, de arquitetura espanhola, restaurado nas primeiras décadas do século passado para abrigar a escola. A localização da sala de aula deu origem ao nome da turma, que era conhecida por Turma da Torre. O capítulo 4 descreve a sala e sua organização, mediante a análise do primeiro dia de aula. Essa análise também oferece uma base para a compreensão do tipo de organização de grupo e de relações estabelecidas por meio da interação entre os participantes. Tendo isso em conta, apresento nesta seção uma visão geral dos dados demográficos da sala de aula no ano em que foram coletados.

A maioria dos alunos dessa escola é de origem mexicana (84%) e era atendida pelo programa de refeição gratuita (80%), do qual podiam se beneficiar alunos pertencentes a famílias de baixa renda. Os dados demográficos da sala de aula refletiam os dados demográficos da escola em termos de língua e antecedentes culturais, sendo a maioria dos alunos de origem mexicana. Dos 28 alunos da turma, 24 eram atendidos pelo programa de refeição gratuita. A escola valorizava a educação bilíngüe e era considerada como exemplo de escola que dava suporte às necessidades lingüísticas de seus alunos e suas famílias[10].

Durante o ano acadêmico de 1996-1997, a Turma da Torre era composta de 28 alunos (depois se tornaram 29, quando um aluno ingressou no final do primeiro semestre), sendo 16 do sexo masculino e 12 do sexo feminino. De acordo com a política da escola, os alunos eram classificados no começo do ano com base na sua proficiência na leitura em inglês. Essa classificação era feita em três categorias: Transição 1 – leitores proficientes em espanhol; Transição 2 – leitores de espanhol, com proficiência e fluência limitada em inglês; Transição 3 – leitores fluentes em inglês. No início do ano escolar, dos 28 alunos, oito foram identificados como leitores do espanhol; dezesseis como leitores de espanhol com proficiência limitada em inglês; e quatro como leitores de inglês. O aluno que entrou na turma no meio do ano letivo foi classificado no grupo de Transição 1. A professora, Beth Yeager, usava as duas línguas para ensinar, segundo ela, visando formar uma comunidade com recursos lingüísticos diversos (ver a análise apresentada no capítulo 4; ver também FLORIANI, 1997; FRANQUIZ, 1995; PUTNEY, 1997; SBCDG, 1995; TUYAY; JENNINGS; DIXON, 1995).

Este estudo está ligado a uma série de estudos etnográficos realizados desde 1991 por membros do Santa Barbara Classroom Discourse Group, entre os quais se incluem Floriani (1997); Franquiz (1995); Putney (1997), em diferentes turmas dessa mesma professora. Esse grupo de pesquisa é composto por professores universitários e da escola elementar e secundária, pesquisadores e alunos de pós-graduação que compartilham um referencial teórico comum no estudo da linguagem e da escrita como processos sociais. Os professores da escola elementar e secundária que participam desse

---

[10] Cf. Floriani (1997).

grupo de pesquisa participam também do South Coast Writing Project (SCWriP), regional do programa estadual e nacional de formação de professores (California Writing Project e National Writing Project) e afiliado ao National Literature Project Network. Há mais de uma década, participantes do SCWRriP e do SBCDG vêm trabalhando em parceria, explorando conhecimentos etnográficos e sociolingüísticos no estudo de práticas de letramento em salas de aula. A minha entrada no campo de pesquisa tornou-se possível a partir dessa rede de trabalho em Santa Bárbara, Califórnia, e suas conexões com o Centro de Alfabetização, Leitura e Escrita (CEALE), da Faculdade de Educação da Universidade Federal de Minas Gerais – FAE-UFMG.

Uma das coordenadoras do SBCDG intermediou o contato entre a professora Beth Yeager e eu, para que examinássemos a possibilidade de desenvolvimento de um estudo sobre a participação de alunos com problemas de aprendizagem em práticas de letramento e práticas escolares desenvolvidas em sua sala de aula. À época em que trabalhamos juntas, Beth já lecionava há 24 anos, 16 dos quais como professora bilíngüe. Segundo ela, o mestrado em Educação contribuiu para que adotasse uma visão humanística da educação e compreendesse como a etnografia poderia servir de apoio para as práticas de pesquisa que desenvolvia juntamente com seus alunos na sala de aula (YEAGER; FLORIANI; GREEN 1998; YEAGER, 1999).

A parceria entre Beth e outros membros do SBCDG tornou-se uma fonte para o desenvolvimento do meu trabalho. Serviu como fonte para seu planejamento, ajudando-me, a identificar e prever quando, por exemplo, um novo ciclo de atividades estava para ser iniciado, quando haveria a produção de um trabalho reflexivo ou quando seriam desenvolvidos eventos importantes. Esse tipo de informação ajudou-me a perceber e a mapear o quadro geral das atividades desenvolvidas na sala de aula, fornecendo elementos para decisões relativas a observações mais focalizadas, tipos de atividades e materiais que eu deveria observar e coletar a fim de explorar os processos nos quais os alunos estavam envolvidos nessa sala de aula (por exemplo, notas feitas a partir de "observação por saturação", o *Projeto da Melancia*, *Investigação do MeM*, o *Relatório da História da Ilha*, o *Caderno do Etnógrafo*, textos sobre temas variados – "Eu como Leitor", "Eu como Aprendiz", "Biografia Aleatória", "Minha Comunidade da Torre.")

Estudos anteriores e discussões com outros pesquisadores do SBCDG e com a professora Beth Yeager serviram como triangulação, pois, à medida que o processo analítico se desenvolvia, tive diversas oportunidades de contrastar minha compreensão do que estava acontecendo na Torre com o que outros tinham observado, documentado e teorizado. Essas discussões foram úteis também para a minha compreensão de questões gerais que influenciavam as práticas da sala de aula (por exemplo, o movimento *linguagem total*, *whole language*, e as políticas educacionais relativas ao ensino bilíngüe), como também das relações entre a escola e a secretaria e superintendência de educação e da estrutura organizacional e curricular das escolas públicas nos Estados Unidos, aspectos que desconhecia.

CAPÍTULO 4

PROCESSOS DE ESTRUTURAÇÃO DE UMA COMUNIDADE DE SALA DE AULA

Nos capítulos anteriores, ao tratar da natureza social da aprendizagem, argumentei que a vida em uma sala de aula pode ser entendida como uma cultura, como propõem Collins e Green (1992), Erickson (1986), e como um texto, como entendem Bloome e Bailey (1992) e Bloome e Egan-Robertson (1993). Neste capítulo, caracterizo as particularidades culturais e textuais produzidas pelos participantes da Comunidade da Torre, durante o primeiro dia de aula, e analiso as implicações dessas particularidades para a criação das possibilidades de inclusão de alunos de origem cultural e experiências escolares diferenciadas como membros dessa comunidade.

Destacarei as macrocaracterísticas da interação entre os participantes da Turma da Torre relacionadas, por exemplo, a como e em que utilizaram o tempo e em que tipo de estrutura de participação. Para isso, exploro o conceito de mapeamento de eventos com base em Green e Meyer (1991) e também com base nos trabalhos do SBCDG (1992a, 1992b, 1993, 1995). Essa perspectiva de análise deriva dos estudos teóricos e metodológicos de Spradley (1980), Mehan, (1979), Green e Wallat (1979), Green e Harker (1992), Bloome e Bailey (1992).

Buscando demonstrar como esses padrões interacionais foram discursivamente construídos pelos participantes, realizei microanálises das interações face a face que possibilitam "a descrição e compreensão de como os momentos de interação são organizados e mantidos", segundo Corsaro (1981). Além disso, por meio dessa análise, evidencio a ação dos participantes engajados no processo construção de uma instância particular do sistema educacional. A exploração de níveis macroanalícos e microanalíticos permitiu evidenciar e contrastar diferentes camadas do processo interacional estabelecido pelos participantes da turma observada. Ao desenvolver esse ângulo analítico, focalizo as escolhas discursivas feitas pela professora, com o objetivo de conhecer as características da comunidade que ela procura construir e as suas expectativas relacionadas ao perfil dos alunos como membros dessa comunidade.

As escolhas discursivas da professora não só informam sobre sua posição em relação ao grupo de alunos, mas também sobre a forma como ela percebe as posições dos alunos em relação a ela e aos outros. Além disso, as escolhas discursivas da professora têm implicações na definição de expectativas e demandas para participação e o envolvimento no processo de construção das oportunidades de aprendizagem na sala de aula.

Como fenômeno interacional, as "oportunidades de aprendizagem", na conceituação de Jennings, Tuyay e Dixon (1995), são construídas, em conjunto, pelos membros de uma comunidade de sala de aula (turma, grupos de trabalho, duplas, indivíduo) à medida que se envolvem com as tarefas escolares. Essas oportunidades de aprendizagem representam possibilidades criadas historicamente para o desenvolvimento cultural, tanto do indivíduo quanto do grupo (turma), e, como tal, implicam, também, uma relação dinâmica, interativa e reflexiva entre o indivíduo e o coletivo, como postulam Putney, Green, Dixon e Duran (2000). As decisões dos membros de uma turma sobre como participar das tarefas escolares são orientadas pelo conhecimento deles sobre "como as coisas devem ser feitas," durante um evento interacional específico ou nos vários eventos de que participam, segundo a análise de Giddens (1979), Wallat e Green (1982), Erickson e Shultz (1981), Grupo de Discurso de Sala de Aula de Santa Bárbara (1992), Philips (1972). O conhecimento que os membros têm a respeito das normas societárias de participação e ações para redefinir ou restabelecer essas normas são elementos constitutivos das oportunidades de aprendizagem. Tendo isso em conta, considerei importante investigar o papel de tais expectativas e demandas na constituição de limites e possibilidades na promoção do desenvolvimento coletivo ou individual.

A decisão de considerar o primeiro dia de aula como um caso expressivo foi estabelecida com base na compreensão de que, desde os primeiros momentos de sua interação, os membros de uma turma escolar começam a definir normas e expectativas, papéis e relacionamentos, direitos e obrigações para a participação no grupo, de acordo com as teorizações de Wallat e Green (1982), e que essas definições têm conseqüências significativas para a vida futura do grupo e dos indivíduos que dele participam. Sendo, em geral, a primeira vez que membros de uma turma se encontram como um grupo institucionalmente constituído, para iniciar a o desenvolvimento do currículo proposto oficialmente para a série em que estão matriculados, entendi que a análise desses momentos iniciais permitiria identificar as maneiras pelas quais os padrões interacionais para orientação da participação no grupo começaram a ser estabelecidos, como também examinar as possíveis implicações desses padrões para a construção de oportunidades de aprendizagem em sala de aula.

Além disso, como a professora e eu havíamos concordado em estudar a integração e participação dos *alunos com dificuldades de aprendizagem* em sua sala de aula, considerei o primeiro dia de aula rico em informações sobre o estabelecimento de condições para a construção de uma sala de aula inclusiva, o que possibilitaria o exame de questões como: de que maneiras os alunos que trazem histórias e experiências diferenciadas são introduzidos nesse novo espaço social? Como tomam parte da turma que está se iniciando?

Atores, lugar e atividades: o mapeamento de eventos

Spradley (1980, p. 40) postula que o espaço social é constituído de três elementos principais – lugar, atores e atividades – e argumenta que "esses elementos não esgotam o significado social e cultural das situações sociais, mas servem como alavanca para que se possa compreendê-los". Adotando o argumento de Spradley, apresento, nas próximas seções, particularidades desses três elementos, da forma como são discutidos, vivenciados e tratados pelos participantes durante o primeiro dia de interação na Torre. Para isso, desenvolvi o mapeamento dos eventos sociais resultantes da interação entre os participantes durante a manhã do primeiro dia de aula.

Um evento é caracterizado como um conjunto de atividades interacionalmente delimitado, a respeito de um tema comum, em determinado dia. Os eventos são identificados analiticamente ao se observar como o tempo foi gasto, por que, em que, com que propósito, quando, onde, sob que condições e com que resultados, observando-se também como os membros sinalizam a mudança de atividade[11]. Para mapear os eventos interacionais da primeira manhã de aula, explorei diferentes conceitos analíticos (eventos, subeventos, ações, espaços interacionais) e destaquei alguns aspectos da interação entre os participantes da Turma da Torre, de maneira a possibilitar que esse mapeamento pudesse ser explorado como referência para orientar decisões sobre os eventos-chave a serem analisados e pudesse também ser utilizado como recurso para situá-los no fluxo geral das atividades

---

[11] Ver, a propósito, Green e Meyer (1991), Bloome e Bailey (1992), SBCDG (1992), Castanheira, Crawford, Green e Dixon (2001).

desenvolvidas pelos participantes naquela manhã. Ao realizar esse mapeamento, procurei, ainda, identificar o rol de ações desenvolvidas pelos participantes (alunos, professor) e as posições e papéis que os estudantes poderiam explorar durante o desenvolvimento de atividades em sala de aula.

Com esses objetivos em mente, organizei mapas de eventos em uma tabela composta por várias colunas. Na primeira coluna da esquerda (Tempo), registrei o momento no qual eventos e subeventos foram iniciados, de modo a possibilitar a visualização de cada um deles. Na segunda coluna (Ações), descrevo as ações dos participantes, evidenciando a maneira como eles utilizaram o tempo durante o evento/subevento observado e a maneira como sinalizaram mudanças em suas atividades. Essas ações foram descritas a partir da análise dos dados coletados em vídeo e estão listadas no gerúndio (por exemplo, *definindo*, *recordando* etc.), para dar destaque ao ato realizado pelas pessoas em termos de suas possíveis conseqüências. A quarta e a quinta coluna, da esquerda para a direita (Evento e Subevento), indicam, respectivamente, os nomes dados aos eventos e subeventos interacionais identificados, por meio da análise das ações dos participantes. Ao nomear os eventos e subeventos, destaquei as características e os propósitos gerais do conjunto de ações interligadas, desenvolvidas pelos participantes do grupo durante o período de tempo considerado. Dessa perspectiva, o nome de um evento não se refere a uma única atividade escolar (por exemplo, *Clube do Livro*, *Jogo do Nome*), mas a um conjunto de ações de atividades humanas que pretendem cumprir um propósito particular.

A terceira coluna da esquerda para a direita, no mapa de eventos apresentado neste capítulo, representa os tipos de espaços interacionais, definidos com base no padrão de organização, no espaço físico, no tipo de conversa (Bloome; Theodorou, 1988), no propósito das atividades desenvolvidas e nos participantes envolvidos (Heras, 1993; Rex, 1996) e as mudanças neles ocorridas. À medida que a interação entre os participantes se desenrola, a estrutura organizacional da conversação muda nas regras, nas exigências, nos direitos e obrigações de participação. A interação na sala de aula envolve tipos múltiplos e muitas vezes simultâneos de conversa, como analisa Bloome (1988), que resultam em diferentes tipos de espaços interacionais, segundo Heras (1993). O objetivo de registrar os tipos de espaços interacionais é tornar visíveis as mudanças na estrutura organizacional da interação (Mehan, 1979) e avaliar as possíveis implicações dessas mudanças para a redefinição das posições dos participantes no grupo.

A coluna da direita, Oportunidades, no mapa de evento, foi acrescentada para registrar notas analíticas sobre os diferentes tipos de oportunidades potencialmente disponíveis aos participantes nos diversos eventos interacionais. A identificação de tais possibilidades está fundamentada na análise das ações dos membros e nas possíveis conseqüências dessas ações para o desenvolvimento da comunidade de sala de aula. Entende-se que essas oportunidades emergem das atividades desenvolvidas no presente e, também, apontam para o desenvolvimento futuro do grupo e para o desenvolvimento individual no grupo. Por exemplo, a possibilidade de ser bilíngüe foi celebrada e explorada desde os primeiros momentos. No entanto, enquanto vários alunos já eram bilíngües, para outros, tornarem-se bilíngüe ainda era uma possibilidade futura, que seria potencialmente alimentada por sua participação nessa turma bilíngüe de 5ª série. Dessa perspectiva, essas possibilidades são entendidas como potencialmente disponíveis para todos os participantes do grupo. Entende-se também que essas oportunidades estão relacionadas com a própria definição do que é considerado ser um estudante na Turma da Torre: que papéis e relacionamentos se estabelecem entre os participantes? A que normas e expectativas eles precisam atender? Quais são os seus direitos e deveres como membros da Torre?

Foram identificados três eventos resultantes da interação entre os participantes na primeira manhã de aula na Torre: *Iniciando a Comunidade*, *Jogo do Nome*, e *Investigações Matemáticas*. O número de subeventos identificados em cada um deles foi, respectivamente, 2, 3 e 9. Na impossibilidade de apresentar uma análise com o mesmo grau de detalhamento de todos eles neste livro, decidi apresentar a análise relativa à primeira hora de interação entre os participantes (subevento *Entrando na Torre* e momentos iniciais do Subevento *Dando Boas Vindas a Torre*) e aos momentos iniciais do Evento *Projeto das Melancias*.[12]

O início da comunidade da torre

Apresento, no Quadro 4, o mapeamento das atividades desenvolvidas pelos participantes durante os primeiros 85 minutos de aula. *Iniciando a Comunidade* foi o primeiro evento identificado como resultante da interação entre os participantes da Torre e consistiu de dois subeventos: *Entrando na Torre* e *Dando as Boas-Vindas*.

Em decorrência das características do primeiro subevento, decidi apresentá-lo a partir da perspectiva dos alunos que, ao entrarem na sala de aula, podiam ver os objetos, as pessoas, enfim, as possibilidades de atividades presentes no ambiente. Não estou afirmando que os participantes perceberam da mesma forma esses elementos explicitados por meio desta análise *post hoc*, mas acredito que uma narrativa a partir dessa perspectiva possa ajudar a reconstituir um pouco do que foi vivido pelos alunos quando entraram na Torre.

Dependurado na porta de entrada, os recém-chegados à Torre podiam ver um cartaz no formato de uma maçã com as seguintes palavras escritas no centro: *Welcome to the Tower!*

---

[12] Para uma análise completa dessa primeira manhã de aula, ver Castanheira (2000).

QUADRO 4

Mapeando o Início da Comunidade da Torre

Tempo	Ações	Espaço interacional	Subevento	Evento	Oportunidades
8:10 8:30 (35')	- Chegando na sala de aula - Encontrando professora - Escolhendo lugar para assentar - Fazendo crachá - Conversando com colegas de mesa - Conversando com professora e suas auxiliares - Falando sobre férias - Mostrando crachá a colegas - Vendo crachá de colegas - Olhando em torno da sala de aula	P-A P-GT I-GT I-I I-T	Entrando na sala da Torre	I N I C I A N D O	- Ver e interpretar o que outros estão fazendo - Restabelecer contato com amigos - Escolher em que língua falar - Conhecer novas pessoas - Começar a se familiarizar com pessoas - Situar-se no novo ambiente
8:55	- Apresentando a marimba como um sinal - Celebrando as línguas da torre: espanhol e inglês - Explicando a forma de uso do espanhol e do inglês - Apresentando adultos aos alunos - Apresentando a etnografia como uma prática da comunidade - Definindo procedimentos de rotina (água, banheiro, almoço, etc.) - Explorando conhecimentos prévios dos alunos sobre a Torre - Apresentando os espaços da sala de aula	P-T P-A-T	Dando Boas-Vindas à Torre	A C O M U N I D A D E	- Tornar-se bilíngüe - Ter apoio de adultos - Ajudar a estagiária a aprender o ofício de professora - Conhecer o jeito de ser da Torre - Tomar decisões sobre procedimentos de rotina - Tornar-se um membro da Torre - Explorar conhecimento prévio na construção da comunidade da Torre no ano 1996/1997 - Explorar os espaços da sala de aula

Legenda: P-A, Prof.-Aluno; P-GT, Prof-Grupo deTrabalho; I-GT, Indivíduo-Grupo de Trabalho;P-T, Prof-Turma; P-I-T, Prof-Indivíduo-Turma

Bienvenidos a la Torre! Ao chegar à sala, também podiam ver que havia outras maçãs, de diferentes formas, organizadas na prateleira à esquerda da porta. Algumas delas eram desenhos de alunos, outras eram esculturas de vidros ou madeira. Os alunos recém-chegados também poderiam notar algumas melancias sobre o chão, perto de uma mesa próxima à porta de entrada.

Embora o horário de início da aula fosse, oficialmente, 8h30, alguns alunos chegaram mais cedo. Entraram na sala sozinhos, em pequenos grupos, ou na companhia de um ou de ambos os pais. De pé, perto da porta de entrada, os alunos podiam ver quatro pessoas adultas em diferentes lugares na sala de aula: BY, a professora, SC, a professora assistente, KL, a estagiária e eu, pesquisadora. O papel de cada um de nós, adultas, ainda era, nesse momento, desconhecido para os recém-chegados. Mesmo que o estudante soubesse quem era a professora da Torre, ele não poderia ter, ainda, conhecimento do que significaria ser seu aluno nessa sala de aula, durante esse ano escolar. Esta compreensão se desenvolveria para cada um mediante as interações que constituiriam a vida nessa turma.

Ao entrar, os alunos viam mesas separadas, organizadas em pequenos grupos no formato de ferradura, uma televisão e um vídeo dependurados na parede à esquerda deles, uma câmara posicionada próxima às janelas ao fundo da sala. Eles viam também dois computadores na parte posterior da sala, centenas de livros arrumados nas diversas prateleiras que circundavam a sala de aula e diferentes tipos de cartazes afixados em volta do quadro e em outras paredes.

Bloome (1989) e Egan-Robertson (1993) dizem que o ambiente físico da sala de aula é um objeto para ser lido e que sinaliza tipos particulares de possibilidades para se tornar aluno ou professor. A análise seguinte vai ilustrar como o significado do ambiente físico da Turma da Torre foi reconstruído por meio da conversa e das ações dos participantes, à medida que a interação entre eles se desenvolvia.

Os alunos que chegaram depois dos primeiros puderam ver também, da porta de entrada, que alguns alunos *madrugadores* estavam sentados e conversando entre si, enquanto coloriam um pedaço de papel. Aqueles que acabavam de chegar à sala não sabiam o conteúdo da conversa e o que faziam com aquele pedaço de papel. No entanto, aquelas atividades ofereciam pistas das normas e expectativas de participação na sala de aula naquele momento.

A professora ou, em alguns casos, a estagiária era a pessoa que iniciava a transição de cada aluno que chegava do mundo de fora para o mundo da Torre. Ela caminhava em direção ao aluno ou grupo de alunos, dava as boas-vindas e se apresentava. A professora também falava com os pais que estavam acompanhando o filho à sala na língua materna deles (espanhol ou inglês). Cada uma dessas ações oferecia um texto, que o aluno que estava chegando, sua família e os outros participantes podiam interpretar para compreender o que estava acontecendo na sala de aula naquele momento.

Depois desses momentos iniciais, a professora ou a estagiária informava ao recém-chegado que ele podia escolher onde se sentar e o que iria fazer, enquanto lhe dava um pedaço de papel com o nome dele escrito. A professora (ou estagiária) aguardava o aluno se decidir sobre onde gostaria de se sentar e, depois, o acompanhava ao grupo ou à mesa de sua escolha, ficando lá por algum tempo conversando com ele ou com os outros já sentados à mesa.

Enquanto durou esse subevento (das 8h10 às 8h50, os primeiros 20 minutos, antes de começar o horário oficial), a professora, a estagiária e a professora assistente estiveram envolvidas em várias atividades: falar com os alunos sobre as férias, olhar o crachá que produziam ou conversar com os outros adultos presentes. Os alunos também estavam envolvidos na atividade de conversar entre si, enquanto enfeitavam seus crachás. Eles falavam sobre diferentes tópicos, tais como videogames, viagens, coisas que tinham feito durante o verão e, às vezes, mostravam o que estavam fazendo com seus crachás aos colegas.

Como foi registrado no Quadro 4 na coluna "Espaço Interacional", durante o desenvolvimento do subevento "Entrando na Torre", a transição do mundo exterior para o mundo da sala de aula foi também mediada por atividades realizadas em diferentes espaços interacionais. Primeiro, à medida que os alunos entravam na sala, a professora e a estagiária os cumprimentavam, diziam-lhes o que fazer, constituindo, nesse momento, o espaço interacional indicado no Quadro 4 por P-A (Professor-Aluno). Depois, ao trabalhar individualmente em seus crachás, sentados em suas mesas de trabalho, ao lado de outros estudantes, os alunos participaram de diversos espaços interacionais: a) I-GT (indivíduo-grupo de trabalho), quando um aluno se dirigia a todo o grupo; b) I-I (indivíduo-indivíduo), quando um aluno interagia com um colega; c) I-P (indivíduo-professora), quando um aluno interagia com uma das professoras.

Essa descrição dos espaços interacionais sugere uma linearidade e um padrão bem definido entre eles que de fato não ocorreram (e geralmente não ocorrem) no momento da interação entre os participantes. Várias pesquisas sobre interações em sala de aula[13] têm mostrado que freqüentemente ocorrem tipos múltiplos e simultâneos de conversa, refletindo uma construção e reconstrução contínua de espaços interacionais por diferentes grupos de atores. No caso analisado, há simultaneidade de diferentes espaços interacionais, dado o fato de ocorrerem ao mesmo tempo conversas diferentes entre os diversos participantes (por exemplo, enquanto a professora falava com um aluno, a professora assistente falava com outros).

Um único aluno também poderia operar em dois espaços interacionais simultaneamente. Por exemplo, na hora de escolher onde se sentar, operava em pelo menos dois espaços

[13] Ver, por exemplo, Bloome e Theodoru (1988).

interacionais diferentes. Um deles era o espaço interacional no qual a demanda e a possibilidade de escolha estava presente (espaço interacional P-A). O outro, o espaço interacional no qual a decisão de onde e com quem se sentar era avaliada, isto é, o espaço interacional I-GT, pois o aluno avaliava, naquele momento, as possíveis conseqüências de sua escolha. A superposição ou simultaneidade de espaços interacionais se torna visível quando se acompanham os diferentes atores e se verifica em que atividades eles estão envolvidos, para que orientam sua atenção.

A coluna da direita no mapa de eventos (Quadro 4) sintetiza, por meio de uma listagem, as oportunidades potencialmente disponíveis aos alunos à medida que contribuíam para a construção do subevento *Entrando na Torre*. Durante o desenvolvimento desse subevento, os alunos tiveram oportunidade de restabelecer contato com amigos e de conhecer outras pessoas que também seriam parte da Torre. O início da interação de sala de aula, com sua multiplicidade e simultaneidade de espaços interacionais e tipos de conversas entre os participantes, permitiu aos alunos reencontrar os amigos ou conhecer, aos poucos, outros colegas. Dessa forma, puderam, gradualmente, se situar nesse novo espaço social e, quem sabe, se sentir mais à vontade, já no processo inicial de entrada na Torre.

Uma análise da configuração dos grupos ofereceu mais informações sobre como os alunos exploraram as possibilidades que encontraram ao entrar na sala de aula. Essa análise evidenciou a preferência dos alunos por se sentarem e conversarem com colegas do mesmo gênero. Por exemplo, quatro meninos e uma menina estavam sentados à Mesa 5. Embora os meninos conversassem entre si enquanto enfeitavam seus crachás, em nenhum instante mostraram intenção de incluir sua colega na conversa ou ela tentou se incluir na conversa deles. A menina estava estrategicamente assentada na extremidade da Mesa 5 e optou por conversar e estabelecer contato com cinco colegas sentadas à Mesa 6. Mais tarde, a professora mencionou essa preferência aos alunos. Quando discutiu a necessidade de conhecer todos na sala de aula como uma forma de construir uma comunidade de aprendizes e amigos, ela enfatizou que os meninos e os meninas deveriam superar sua timidez e não ter medo de se conhecerem.

Embora a composição dos grupos por mesa indicasse uma tendência para a homogeneização por gênero, indicou também diversificação em relação a outros fatores, tais como origem cultural, classificação institucional e línguas faladas. Por exemplo, a análise da composição dos grupos mostrou que os poucos alunos afro-americanos (dois) e anglo-americanos (dois) não escolheram se sentar juntos. Eles se distribuíram entre grupos diferentes. Uma afro-americana e um anglo-americana estavam assentadas à Mesa 6 com um mexicano-americano e com mexicanas. O outro anglo-americano e o outro afro-americano estavam sentados, respectivamente, à Mesa 5 e à Mesa 2.

A análise da composição dos grupos das mesas também indicou diversidade em relação à classificação institucional. Por exemplo, os alunos que a instituição considerava como disléxicos (dois: um afro-americano e um latino) e os que ela considerava superdotados (dois: ambos mexicanos americanos) estavam sentados juntos à Mesa 2. Não se pode fazer uma descrição completa da conversa entre esses alunos, no entanto, a análise dos dados do vídeo e do padrão da conversa entre eles, mais tarde naquele dia, ou em dias posteriores, mostrou que eles tinham uma história prévia de amizade construída em outros espaços sociais: pátio, outras salas de aula ou vizinhança.

Houve também diversidade na composição dos grupos das mesas em relação à língua falada pelos alunos. Estudantes com diferentes níveis de aprendizagem de inglês ou espanhol estavam distribuídos nas diversas mesas de trabalho. Por exemplo, entre os alunos da Mesa 2, dois eram bilíngües, dois falavam inglês, um falava espanhol.

No subevento *Entrando na Torre*, a professora não se dirigiu aos novos alunos no espaço interacional de turma inteira (professora falando a todos os seus alunos ao mesmo tempo – P-T). Esse fato se tornou evidente ao se analisar os momentos de transição entre o primeiro e o segundo subevento, o que é apresentado na próxima seção.

Transição entre eventos: a reorganização da turma

Apresento, a seguir, parte do fundamento sobre o qual se identificam os limites dos eventos. Como essa análise irá mostrar, as fronteiras entre os eventos não são estabelecidos de forma claramente definida, mas envolvem um processo no qual os participantes, gradualmente, vão reorganizando a estrutura de participação, por meio de mudanças na disposição física do grupo, no tópico da conversa ou no propósito das atividades e, assim, construindo um novo acontecimento social.

Enquanto os alunos ainda estavam decorando seus crachás e conversando com os colegas, a professora informou, separadamente, a cada um dos grupos que iria tocar um pequeno instrumento musical, feito da superposição de tubos de metais. Ela se aproximou de cada mesa dizendo: "em dois minutos/vou tocar a marimba uma vez/esse será um sinal para vocês/olharem para mim".

Após dar essa informação a todos os grupos, ela fez o mesmo percurso que acabara de fazer, de mesa em mesa, desta vez para recolher os crachás dos alunos, avisando aos que não haviam concluído que poderiam fazê-lo em outro momento. Do outro lado da sala, a estagiária também começou a recolher os crachás. Enquanto a professora caminhava com alguns crachás nas mãos em direção a sua mesa, onde os deixaria, John, um dos alunos sentados à Mesa 5, tirou um livro de sua mochila e começou a lê-lo. A maioria dos alunos continuou a conversar entre si, enquanto a professora assistente e a estagiária terminavam de recolher o restante dos crachás. A professora dirigiu-se à frente da sala e, sem dizer nada, tocou a marimba, que estava sobre a prateleira abaixo do quadro. Por alguns segundos, o som delicado da marimba misturou-se ao som das vozes dos alunos, que foram silenciando e voltando os olhos para a professora.

Quando cada um respondeu ao toque da marimba da forma solicitada pela professora alguns minutos antes, eles se viram parte de um grupo maior de pessoas que olhava para ela, aguardando o que ela iria dizer. As ações que a professora realizou para ter a atenção de toda a turma e as ações dos alunos de observá-la e ouvi-la exemplificam a diferenciação de papéis e relações entre as pessoas presentes na sala de aula. Por meio da ação conjunta, alunos e professora tornaram visíveis dois papéis distintos e fundamentais que deviam se assumidos pelos participantes da Torre. O papel de professora, que implicava, dentre outras coisas, a responsabilidade de coordenar a interação dos demais participantes da turma, e o papel de aluno, que, dentre outras coisas, implicava agir de forma a colaborar com a professora na produção desse novo espaço social que começavam a construir e na (re)produção do programa curricular de uma turma de 5ª série. Enquanto os alunos olhavam, em silêncio, para a professora, ela lhes dava os parabéns pela atuação. A seqüência das ações dos participantes depois desse momento está representada no Quadro 5.

QUADRO 5

O uso da marimba e seu significado na Torre

Linha	Professora		Alunos	Escolhas Discursivas	Conseqüências p/ formação da Torre
168		Toca a marimba		Tema: marimba	Estabelecendo sinal
169			Param atividade e	como sinal	coletivo para a
170	that was great (essa foi ótima		olham para a		reorganização de
171	we should try again (vamos fazer de		professora		espaço interacional.
172	novo		Joseph lê livro	Parabeniza alunos	
173	hablan bastante (conversem bastante			por performance e	
174		Aguarda e toca a ma-	Fingem conversar,	propõe encenação.	
175		rimba novamente	fazendo barulho.		
176			Alunos atendem		
178	oh		sinalJoseph lê.		
179	that was great (essa foi ótima	(Olha para Joseph)		Chama atenção de	
180				aluno que está alheio	Reafirmando o
181	joseph		Joseph guarda livro,	ao que acontece à	significado do sinal.
182	that would be a signal (esse seria um		enquanto os outros	volta.	
183	sinal		alunos observam.		
184	for you to look up (p/ olhar p/ cima				Posicionando
185				Uso de espanhol e in-	falantes do inglês e
186	una campana (um toque			glês alternadamente.	do espanhol como
187	hay que escuchar (tem que escutar				seus interlocutores.
188	it may be that you (talvez, vocês				
189	you know (vocês sabem				
190	you are in the middle (vocês estão no meio				
191	of doing something (de alguma tarefa				
192	o que estan (ou estão				
193	trabajando en algo (trabalhando em algo				
194	tienes que mirar a arriba (tem q/ olhar				
195	y escuchar (e escutar				
	a cualquier persona (a qualquer pessoa				

A professora deu parabéns aos alunos por atenderem ao sinal e sugeriu que eles deveriam "tirar um tempo para tentar novamente". Os alunos riram, reagindo à idéia da professora de tentar novamente. Então, agindo como se fosse uma representação, eles fingiram estar conversando entre si nos seus grupos de mesa (linhas 173-175). A professora assistente encorajou um grupo de alunos a participar da encenação chegando perto deles, movimentando os braços e falando com um tom de voz mais alto. Quando a marimba foi tocada novamente, seu som viajou pela sala quase inaudível. Os alunos ficaram em silêncio e a olharam para a professora, mais uma vez, como um único grupo.

Neste ponto, a professora chamou John, o aluno que continuou a ler um livro que tirara da mochila, após terminar de decorar seu crachá (linha 172). Ele estava tão imerso em sua leitura que não desviou os olhos do livro para ver o que acontecia à sua volta, nem mesmo quando os alunos fizeram um barulho acima do normal, quando repetiram a cena da marimba. Ao chamar esse aluno, a professora reafirmou o significado da sineta: "isso é um sinal para você levantar os olhos".

Esse segmento torna visível o estabelecimento de uma norma para a participação nesse grupo. Já que essa foi a primeira vez que a professora se dirigia ao grupo de novos alunos, a marimba apareceu como um sinal, não simplesmente para pedir silêncio, mas para posicionar todos aqueles presentes na sala como parte de uma turma, e não apenas de subgrupos de trabalhos, como aqueles dos quais os alunos participaram nos primeiros minutos de aula. Nesse caso, pode-se entender a encenação com a marimba como um exercício de transição de uma atividade para outra: os alunos estavam aprendendo a tornar-se parte de um grupo cuja interação ocorria em diferentes configurações organizacionais. Durante o ano, esse instrumento foi utilizado inúmeras vezes, tanto pela professora como pelos alunos. Em geral, em situação de transição entre atividades, como a que se acabou de caracterizar, ele era utilizado pela professora. Outras vezes, para comunicar detalhes, dar novas informações aos alunos que estavam trabalhando em grupos, foi utilizado tanto por ela como pelos alunos.

Essa análise inicial mostra como o papel de professora se constrói em relação ao papel de aluno e vice-versa. No caso analisado, a ação da professora de se dirigir à turma inteira dependeu da cooperação de todos os estudantes, que assumiram o lugar de ouvintes na conversação que se seguiu. Se os alunos tivessem agido diferentemente, por exemplo, não dando atenção à professora e continuando a conversar entre eles, conseguir as condições para iniciar a nova fase de atividades exigiria uma renegociação entre os participantes.

Nessa perspectiva, essa análise pode ser entendida como uma ilustração do que é defendido por Giddens (1979), quando diz que os processos de estruturação são continuamente negociados e definidos por meio da interação entre participantes, contextualizadas em um espaço e tempo particular. Um exemplo é o caso do aluno que estava lendo um livro e que tornou necessário que a professora tornasse explícito, para ele, como a marimba deveria ser entendida e quais suas implicações em termos de participação na atividade coletiva da turma. Além disso, essa análise ilustra o argumento de, Miller e Corsaro (1992) de que o processo de socialização implica a reconstrução negociada de práticas, papéis e relações sociais entre os participantes (adulto e crianças, no caso), os quais assumem papéis ativos nesse processo produtivo-reprodutivo de socialização. Por meio dessa análise, exemplificou-se, ainda, como as delimitações entre os eventos são identificadas pela observação do processo de mudança nos objetivos da atividade, na orientação dos participantes, na configuração da estrutura de organização.

Dando boas-vindas à nova turma de alunos

No novo espaço interacional (P-T), a professora assumiu um papel mais visível na coordenação da interação entre os participantes e se manteve nesse papel, desenvolvendo diferentes tipos de ação: ela selecionou os tópicos conversacionais, abordou-os de maneira peculiar e, assim, iniciou a produção de um texto sobre a Torre. A produção desse texto pela professora foi feita com base em escolhas discursivas, e sua análise permite conhecer as características da comunidade que ela estava ajudando a construir e suas expectativas em relação aos alunos como membros dessa comunidade, assim como sua posição quanto ao novo grupo de alunos.

Após o episódio da marimba, as professora esperou por alguns segundos, de pé, de frente para os alunos e adultos presentes na sala. Deu, então, as boas-vindas aos meninos e meninas sentados nos diferentes grupos da mesa:

– Professora: *Buenos dias.*

– Alunos: *Buenos dias.*

– Professora: *Welcome to the Tower.*

Com esse simples cumprimento, ela enfatizou para todo o grupo de alunos que eles haviam chegado a um espaço distinto daquele de onde vieram. Como a professora iria explicitar mais tarde, estar na Torre significava estar no topo da escola: no ponto mais alto do edifício e na etapa final da escola fundamental, pois, naquele distrito escolar, os alunos se graduariam e iriam para outra escola no ano seguinte.

Assim como fizera desde o início da aula, a professora continuou a falar em inglês e em espanhol ao se dirigir aos alunos, agora reposicionados em um grupo único, e explicou-lhes por que estava usando essas duas línguas (ver Quadro 6).

QUADRO 6
Explicando o uso do espanhol e do inglês na Torre

Linha	Professora	Alunos	Escolhas discursivas	Conseqüências para a formação da Torre
257	buenos dias	buenos dias	Tema: uso do espanhol e do inglês	
258	welcome to the tower (bem-vindos à torre			
259	you problably (vocês provavelmente			Evidencia uma prática comum em seu trabalho
260	notice that (repararam que	(alunos estão assentados em grupos, olham na direção da professora e fazem silêncio)	Considerando ponto de vista e experiência dos estudantes	
261	anh			
262	some of you are (alguns de vocês são			
263	very used to this (acostumados a isso			
264	for some of you (para alguns de vocês			
265	it might be new (talvez seja novidade			
267	that i am speaking (estar falando			Apresenta razões que orientam suas ações
268	spanish and english (espanhol e inglês		Falando a partir de seu ponto de vista professora	
269	most of the time (a maior parte do tempo			
270	that's because (isso é porque			Diferencia a Torre (entidade) do seu lugar de professora
271	spanish and english (espanhol e inglês		Falando do ponto de vista da Torre	
272	are really important to me (são importan-			
273	tes p/ mim			
274	and they are (e são			
	the languages of the tower (as línguas da torre			

No segmento apresentado no Quadro 6, duas razões foram apresentadas pela professora para o uso que fazia do inglês e do espanhol em sala de aula: uma, a importância que essas duas línguas tinham para ela; a outra, a importância que essas duas línguas tinham para a Torre. Dessa maneira, ela falou de duas posições: da pessoa que assume o papel de ensinar na Torre ("essas duas línguas são muito importantes para mim") e do ponto de vista da Torre, uma turma formada por estudantes que falavam essas duas línguas. Sua ação de mudar de código[14] foi, então, apresentada como coerente e adequada para o espaço social dessa turma particular. Fazendo diferença entre esses dois pontos de vista, o dela e o da Torre, ela mostrou consonância entre suas ações como professora e as necessidades e características da Torre. Além disso, ela apresentou a Torre como uma entidade diferenciada, cujas características orientavam sua ação de professora.

Não se pode deixar de reconhecer que o próprio fato de falar ora em inglês, ora em espanhol tenha sido uma escolha discursiva da professora de grande importância social na história da constituição do grupo. Ao agir assim, a professora posicionou, igualmente, todos os seus alunos como seus interlocutores. Não demonstrou preferência pelo grupo de alunos falantes do espanhol nem por aqueles falantes do inglês. Reconheceu e valorizou, igualmente, as duas línguas como legítimas naquele espaço escolar. Dessa forma, a chegada dos alunos à Torre representou ao mesmo tempo a entrada nesse novo espaço institucional e a continuidade de suas experiências lingüísticas e culturais.

---

[14] A expressão "mudar de código", usada neste trabalho simplesmente traduz a consagrada expressão *code switching* não implicando, de modo algum, um compromisso com a concepção de língua como código.

QUADRO 7
Discutindo as implicações de usos do inglês e do espanhol

Linha	Professora	Alunos	Escolhas discursivas	Conseqüências para a formação da Torre
288	some of you that speak (alguns de vocês que falam	Ouvem a professora em silêncio.	Tema: uso do espanhol e inglês	Evidencia as características de seu jeito de falar.
289	two languages (duas línguas			
290	might have notice something (talvez tenham percebido			
291	and (e			
292	that is (isso éthat I am not saying (que eu não estou falando		Diferenciando alunos bilíngües do restante dos ouvintes	
293	the same thing in spanish (a mesma coisa em espanhol			Evidencia a existência de diferentes grupos de estudantes na sala de aula.
294	that I am saying in (que eu estou falando			
295	english (em inglês			
296	es por que no estoy traduciendo (não estou traduzindo		Repetindo palavra possivelmente nova para alunos	
297	it is a kind of (é um tipo de			Aumenta as chances de compreensão por parte dos alunos.
298	long word (palavra longa			
299	translating (traduzindo			
300				
(...)	you have to listen (vocês têm que ouvir		Apresentando razões para a escuta ativa	Define o ato de escuta localmente.
313	really well also (muito bem			
314	because sometimes (porque às vezes			
325	I am giving clues about (estou dando pistas sobre			
317	what I am saying (o que estou dizendo			
318	and you have to really look (e vocês têm que olhar de verdade			
319	and listen (e escutar			
320				
(...)	so (daí			
323	what (o quehappens is (acontece é			
324	you turn out to be(que vocês se tornam realmente "bons pensado-			
325	res" good thinkers			
326				Aponta para resultados futuros.
327				

Como se pode ver no fragmento apresentado no Quadro 7, a temática do bilingüismo continuou a ser abordada pela professora. Ao perceber a presença de alunos bilingües na sala de aula, a professora destacou uma característica constitutiva do seu modo de trocar de código lingüístico que esses alunos poderiam ter percebido: que ela não falava as mesmas coisas em uma língua e outra. Esse fato teria implicações diretas no tipo de demanda que seria apresentada aos alunos: eles teriam que ouvir atentamente, independentemente da língua que ela estivesse falando, para buscar pistas, informações. Uma das conseqüências possíveis desse esforço por parte dos alunos, segundo ela, seria a possibilidade de eles desenvolverem sua capacidade de pensar e, como ela completaria em outro momento, tornarem-se todos bilíngües ao final do ano.

Os exemplos apresentados acima fornecem elementos para que se ilustre a visão da vida na sala de aula como um texto resultante da ação de "textualizar" desenvolvida pelos participantes que interpretam o que vêem, vivem e experienciam. A natureza desse processo de textualização exemplificado por essa análise pode ser melhor entendida se considerarmos a distinção entre ação e ato como foi proposta por Schutz (*apud* Adam, 1990).

> Um ato só pode ser conhecido uma vez que já tenha sido feito, quando já estiver no passado. Pode também ser projetado no futuro como um ato em potencial. No entanto, para ser conhecido como um ato, depende crucialmente da reflexão. Isso se aplica tanto a atos conhecidos do passado como a atos num presente futuro. [...] A ação, diz ele, é um processo com uma direção para a frente, sempre orientado em direção de projetos. É teleológico em sua natureza. Seu motivo é intencional e é descrito por Schutz como um "motivo – a-fim-de." O motivo da ação, ele insiste, tem que ser distinguido dos motivos de um ato, os quais estão sempre presentes no modo reflexivo como racionalização. Uma ação é sempre uma ação presente em direção ao futuro. [...] Contrariamente à ação, o ato é sempre racionalizado do presente em direção ao futuro. Segundo Schutz, sempre há atribuição de significado (Adam, 1990, p. 35).

À medida que a professora conversava com os alunos, ela separou do fluxo da interação algumas das ações realizadas pelos participantes e as tornou objeto comum de reflexão para os participantes. Uma nova análise de um dos exemplos já apresentados (o uso de inglês e espanhol e o ato de ouvir), considerando a distinção proposta por Schutz, tornou visível a forma como a professora contribuiu para o processo de textualizar as ações dos participantes.

QUADRO 8
Textualizando o uso de inglês e espanhol em sala de aula

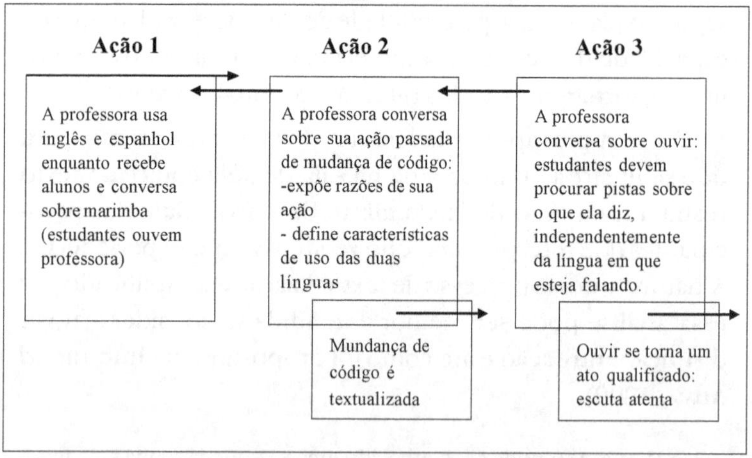
Ação 1
Ação 2
Ação 3
A professora usa inglês e espanhol enquanto recebe alunos e conversa sobre marimba (estudantes ouvem professora)
A professora conversa sobre sua ação passada de mudança de código:
-expõe razões de sua ação
- define características de uso das duas línguas
A professora conversa sobre ouvir: estudantes devem procurar pistas sobre o que ela diz, independentemente da língua em que esteja falando.
Mundança de código é textualizada
Ouvir se torna um ato qualificado: escuta atenta

O Quadro 8 representa o processo seqüencial da reflexão sobre esses aspectos – o uso do espanhol, o uso do inglês, a importância do ouvir –, construindo essas ações como atos significativos. Na primeira caixa da esquerda, no Quadro 8, temos a descrição da ação da professora de mudar de código e da ação dos alunos de ouvir a professora. A professora inicia o processo de separar suas ações passadas do fluxo das ações atuais comentando a forma com que vinha usando o inglês e o espanhol desde o início da aula e sobre as razões pelas quais estava fazendo isso (caixa do meio). Dessa forma, a professora racionalizou a ação de mudança de código e explicitou as razões dessa ação: porque o inglês e o espanhol são importantes para ela e são também as línguas da Torre. A mudança de código foi, então, representada como um ato intencional, orientado para a necessidade de respeitar as características da Torre. Dessa forma, a professora tornou seus valores visíveis e sinalizou para os alunos o que era considerado uma participação adequada na sala de aula.

Depois que a professora refletiu com os alunos sobre seu ato de mudar de código, ela analisou a ação dos alunos de ouvi-la (caixa do lado direito do Quadro 8). Ao fazer isso, ela trouxe a ação de ouvir para um plano analítico, dando aos participantes a oportunidade de refletir sobre o que constitui *ouvir* na Turma da Torre. Dessa forma, a ação passada dos alunos foi construída como um ato situado, que exigiria muito envolvimento da parte deles, que eles deveriam operar de forma ativa e intencional, para que, no futuro, usufruíssem ganhos decorrentes do empenho deles.

Com base nesses exemplos, podemos ver o trabalho da professora de levar os alunos a se distanciarem do fluxo de ações voltadas para o futuro imediato (o presente) e a rever as ações executadas anteriormente, projetando-as como atos futuros. Ao examinar o significado dessas ações comuns, enfatizando o seu significado na Torre, a professora estava, de alguma forma, tornando visíveis para eles aspectos que passam despercebidos, dado o caráter ordinário deles.

Esse distanciamento provocado pela reflexão sobre ações ordinárias por parte dos membros da sala de aula permitiu que fossem examinados e identificados aspectos vistos como referência para se agir de forma esperada nessa turma. Ao escolher envolver-se nesse processo de reflexão com seus alunos, a professora compartilhou com eles seu ponto de vista e (re)construiu com eles o significado da marimba, da mudança de código e do ouvir nessa sala de aula. O significado das ações dos participantes foi, portanto, construído discursivamente mediante o exame de atos do passado e da projeção da realização desses atos no futuro.

A natureza reflexiva do discurso dirigido aos alunos sobre ações e atos dos participantes da Torre, evidenciada por meio da análise apresentada acima, constitui um exemplo de um dos padrões do discurso da professora. Esse padrão se define pela produção de um metadiscurso sobre as posições, as maneiras, as condições, as razões constitutivas de uso da linguagem de forma particular na Torre. Esse padrão discursivo, característico da maneira de ensinar dessa professora, esteve presente em sua prática cotidiana. Exemplos disso seriam as ocasiões em que ela explicava por que não escolhia um aluno para responder às suas questões tão logo os mais ousados dessem sinal com as mãos erguidas; ou em que sugeria maneiras de falar para a apresentação de discordância de pontos de vista em discussões em grupo; ou, ainda, em que expunha os critérios de composição dos grupos de trabalho. Esse metadiscurso produzido pela professora provavelmente tinha o potencial de promover nos participantes a consciência de que havia um texto vivo sendo escrito por eles, uma vez que podia favorecer o desenvolvimento da capacidade deles de examinar as razões e conseqüências dos atos dos participantes em sala de aula.

Em síntese, com base nos exemplos apresentados acima, caracterizei algumas das escolhas discursivas feitas pela professora. A primeira delas foi o uso do inglês e do espanhol alternadamente, que resultou na possibilidade de posicionar falantes de ambas as línguas como seus interlocutores e criou a base para que ela pudesse manter seu turno de fala sem perder o interesse de nenhum desses dois grupos. Outro aspecto resultante dessa escolha foi a inclusão, como membros da Torre, de alunos originários de diferentes grupos culturais e lingüísticos. Uma segunda escolha discursiva feita pela professora foi a seleção de determinados tópicos que deveriam ser abordados com os alunos (maneiras de ouvir e formas de uso da linguagem, por exemplo). O ato de seleção de tópicos – e desses tópicos em particular – iniciou o delineamento de certas características do texto da sala de aula e orientou a participação dos alunos nas atividades. A criação de oportunidades para que os alunos experienciassem práticas discursivas da Torre (uso da marimba, uso de duas línguas faladas alternadamente desde os primeiros momentos da aula, por exemplo) possibilitou a criação de uma base comum para refletir sobre participação. A criação de oportunidades de falar dessas práticas contribuiu para que fosse definido localmente o significado de ações ordinárias e tornou visíveis aspectos constitutivos da participação nesse espaço social. A análise do subevento *Entrando na Torre* e dos momentos iniciais do subevento *Dando Boas-Vindas*, oferece exemplos do que seja a linguagem como prática social (FAIRCLOUGH, 1993), uma vez que ilustra como os participantes da Torre estavam dando forma e sendo formados pelo texto da sala de aula que produziam conjuntamente.

Investigações matemáticas: dando início a práticas de pesquisa

A análise contrastiva das ações realizadas pelos participantes durante o primeiro dia de aula tornou evidente outra mudança na temática e no propósito das atividades, que ocorreu por volta das 10h15 da manhã. Embora houvesse continuidade na iniciação dos novos alunos na vida da Torre, houve uma mudança clara em relação ao objeto dessa iniciação. Enquanto os primeiros eventos (*Iniciando a Comunidade* e *Jogo do Nome*) enfatizaram a necessidade de construir uma comunidade de sala de aula e de refletir sobre como ser um membro dessa comunidade, o terceiro e último evento, *Projeto das Melancias*, enfatizou algumas maneiras de se desenvolverem investigações científicas, particularmente no campo da matemática.

Naquele dia de aula, a primeira referência a esse projeto foi feita em resposta a um aluno que perguntou *para que servem essas melancias?*, curioso ao ver seis melancias numeradas, no chão, perto da mesa da professora. A resposta da professora deve ter aumentado sua curiosidade ainda mais:

> *bem/à medida que continuarmos/ eu acho/ vocês perceberão/ que é uma tradição para mim/ no primeiro dia de aula/ há vinte e sete anos/ no primeiro dia de aula/ ter melancias/ vou explicar/ um pouco mais tarde/ vocês vão fazer algo com elas/ em mais ou menos quarenta e cinco minutos*[15]

A resposta dada pela professora implicou um paradoxo: o que parecia ser um fato extraordinário – ter seis melancias imensas no chão da sala – era uma tradição iniciada 27 anos antes. Fazia parte do plano da professora para aquele dia, como o fizera muitas vezes antes. Era uma tradição. A única coisa que a professora acrescentou a essa informação era que logo iriam fazer alguma coisa com as melancias. Mas, o quê? Não era só comê-las? O que mais se pode fazer com melancias em uma sala de aula?

O evento *Projeto das Melancias* foi constituído de seis subeventos, a saber: *A Tradição do Projeto das Melancias*, *Preparando os Cadernos*, *Definindo Questão a Ser Investigada*, *Tentando Adivinhar a Resposta*, *Definindo Maneiras de Abordar o Problema*, *Coletando Dados como Grupo*. Com as diversas atividades descritas a seguir, que constituíram esses eventos, os participantes da Torre deram início a um ciclo de investigação que continuou a ser desenvolvido no quarto, no quinto e no sexto dia de aula.

Tradição, conhecimentos prévios e um nova comunidade de aprendizes

Os alunos haviam acabado de participar das atividades constitutivas do segundo evento, *Jogo dos Nomes*. Durante esse período, atuaram em espaços interacionais variados (T-P, GT, I-T), selecionando adjetivos iniciados com a primeira

---

[15] As "unidades de mensagem" estão separadas por uma barra (/).

letra do próprio nome que representasse um característica pessoal, com o objetivo de participarde uma festa teatralizada, organizada em torno do desafio de conhecer o maior número possível de convidados e tentar memorizar seus nomes e adjetivos e, finalmente, em círculo, falar para turma o maior número de nomes e adjetivos que conseguissem lembrar. O clima era de euforia e descontração. Adultos e crianças conversavam livremente. Ao se dar conta da hora, a professora percebeu que estava começando a se atrasar em sua programação. Olhei para a professora assistente e ela comentou que era hora de retomaremos trabalhos. Eram 10h15, e, mais uma vez, a marimba foi tocada. Os alunos foram se aquietando e se concentrandoem volta da professora, que se encontrava de pé, de frente para eles. Finalmente, havia chegado o momento de fazer algo com as com as melancias. E esse momento foi marcado pela discussão de seu lugar na história profissional da professora e no processo de formação da comunidade da Torre.

Professora:

when you come into a community/ we are going to talk about/ what a community is/ tomorrow/you all bring things with you/ that you did last year/ that you did in your home/ and you have done all your life/ and I bring things too/ and then we sort of/ invent new things/ it's great to think about a community/ we invent new ways of being together/ and some of the things that I bring/ are traditions

Tradução:

quando você chega a uma comunidade/ vamos falar sobre/ o que é uma comunidade amanhã/ todos vocês trazem coisas com vocês/ que fizeram no passado/ que fizeram em sua casa/ que fizeram toda a sua vida/ e, então, nós tipo/ inventamos novas formas de estar juntos/ e algumas das coisas que trago comigo/ são tradições

A professora apresentou aos alunos a sua visão de comunidade como constituída de encontros entre pessoas que estabelecem formas de estarem juntas, com base nos conhecimentos trazidos de outras comunidades de que participam. Nesse momento, ela anunciou que ter melancias no primeiro dia de aula era uma das tradições que trazia para aquela comunidade em desenvolvimento. Muitos dos que participaram dessa tradição nos anos anteriores – a professora diria a seus alunos – eram irmãos ou irmãs de alguns dos estudantes ali presentes, pessoas de quem ela se lembrava e era capaz de dizer os nomes. Ao falar desse aspecto aos recém chegados, a professora representou o *Projeto das Melancias* como uma tradição que não só ligava diferentes grupos de alunos da Torre, mas também diferentes gerações de família, cujos filhos estudaram com ela naquela mesma escola.

A introdução ao *Projeto das Melancias*, nos termos feitos por essa professora, fornece elementos para que o entendamos como um rito de passagem (Gennep, 1977) que marca a afiliação de novos membros a determinados grupos ou a transição para o início de uma nova etapa de vida. Assim, os alunos novatos estavam sendo iniciados nas formas de fazer coisas na Torre, por meio de sua participação em atividades características dessa 5ª série. Como uma tradição da Torre e de nenhuma outra sala de aula na escola, o *Projeto das Melancias* marcava a entrada dos recém-chegados ao grupo e os distinguia dos demais alunos da escola.

Mais uma vez, mediante suas escolhas discursivas, a professora iniciou o delineamento de uma perspectiva referencial para o entendimento, por parte dos alunos, das particularidades daquele espaço social do qual estavam fazendo parte. À sala de aula e à Turma da Torre, a professora se referiu como uma comunidade; aos alunos, como novos membros que trazem experiências de outras comunidades das quais participam a ser utilizadas para definir novas maneiras de estar juntos. Apresentar a sala de aula como uma comunidade em processo de construção também significava indicar que cada membro era responsável por participar e por contribuir ativamente com esse processo de definição das maneiras de ser do grupo.

Outra particularidade decorrente do fato de ser aluno nessa turma foi destacada pela professora, ao dar início ao *Projeto das Melancias*:

> *now/ the nice thing about fifth grade is/ that you get to be students/ right at the very first time/*
>
> *y vamos llegar a ser/ matemáticos/ con nuestras sandias*
>
> Tradução:
>
> agora/ a coisa boa da quinta série é/ que vocês serão estudantes/ já na primeira hora/ e vamos chegar a ser/ matemáticos/ com nossas melancias

Com os comentários reproduzidos acima, a professora destacou outra marca diferenciadora da 5ª serie: um tempo de experiências de estudos, em que se espera que os estudantes assumam seus papéis como alunos e matemáticos desde o primeiro dia de aulas.[16] A análise que se segue ilustra como a construção do papel de aluno, matemático e membro da comunidade foi sendo iniciada por meio do desenvolvimento das atividades realizadas no restante da manhã.

O registro da história de aprendizagem na turma da Torre

A professora distribuiu os cadernos aos alunos, todos do mesmo tipo e na mesma quantidade, comprados com verba governamental para fornecimento de material escolar. Primeiro, pediu que etiquetassem um dos cadernos para o uso em matemática e ciência sociais e que não arrancassem folhas nem escrevessem desordenadamente, saltando folhas. O valor do

---

[16] Para maiores discussões, ver Brilliant-Mills (1993), onde se encontra uma análise do *Projeto da Melancia* de 1991-1992.

caderno foi reafirmado ao ser comparado com um livro: "é como ganhar um livro, é um tesouro, você tem que tomar cuidado com ele". Duas outras exigências foram apresentadas aos alunos, quando a professora explicou que o caderno era um lugar para registrar dados:

> vamos coletar dados/ e vocês precisam de um lugar/ para registrá-los/ ou para anotá-los/ e um dos lugares/ que usamos bem regularmente/ são nossos dois registros/ vocês precisam saber/ sobre o que estavam escrevendo/ duas semanas atrás/ ou três semanas atrás/ ou mesmo ontem/ e a única forma que vocês têm de fazer isso é sabendo a data e o título

Ao explicar aos alunos a necessidade do uso da data e do título das atividades para que pudessem saber o que e quando fizeram algo como pesquisadores, a professora responsabilizou-os por isso. Nessa perspectiva, pedir aos alunos que cuidassem dos seus cadernos, não rasgando folhas, por exemplo, significava também, que deviam preservar a sua história de aprendizagem e a história dos processos das diversas investigações que desenvolveriam ao longo do ano. Ao orientar os alunos sobre como os cadernos deveriam ser utilizados, a professora lhes ofereceu a oportunidadede adotar parâmetros coletivos que dessem suporte ao desenvolvimento de práticas científicas e de investigação na sala de aula. Forneceu também elementos para que pudessem compreender o significado e a importância desses parâmetros no registro da aprendizagem individual.

Os dados etnográficos mostram que a prática de datar e nomear os documentos de pesquisas realizadas pelos alunos facilitou a retomada e a reflexão sobre os processos de construção de conhecimento, por meio da revisão e da análise dos procedimentos utilizados e dos resultados obtidos. Em diferentes momentos durante o ano, os alunos usaram seus registros como base para reconstruir e analisar suas experiências como aprendizes, matemáticos, historiadores e alunos de 5ª série, dentre outras. Também escreveram textos reflexivos sobre processos de estudo realizados individualmente ou em grupos.

Além disso, no meio e no final do ano, ao responderem a um questionário elaborado pela professora relativo aos estudos nas diferentes disciplinas, escreverem cartas aos pais, ou organizarem seus portifólios a serem apresentados para as outras turmas e à comunidade, os alunos recorreram aos seus cadernos para selecionarem documentos que evidenciassem o que e como haviam aprendido. Por exemplo, uma aluna escreveu, ao final do ano, que ela havia aprendido a analisar acontecimentos de diferentes pontos de vistas. A evidência disso foi retirada do seu caderno de ciências sociais, onde havia escrito, datado e nomeado um texto sobre o processo de colonização do ponto de vista de um colonizador e do ponto de vista de um índio. Essas iniciativas analíticas dos alunos seriam limitadas se não houvesse o suporte de uma documentação bem cuidada.

Foco da investigação coletiva

No subevento anterior, a professora definiu os critérios e as convenções de uso de registros no desenvolvimento de uma investigação e pediu aos alunos que preparassem os cadernos para iniciar sua investigação a respeito das melancias. Depois que esses objetivos foram atingidos, ela iniciou uma nova série de atividades com o propósito de estabelecer uma compreensão comum entre os participantes a respeito do que é uma investigação e definir uma questão comum para ser investigada pelo grupo.

Explorando a definição de um aluno sobre o significado da palavra *investigação*, a professora explicou que investigar é se envolver no ato de "tentar descobrir alguma coisa". Nessa hora, ela também destacou que, quando as pessoas iniciam uma investigação, elas têm que definir o que querem saber. A discussão sobre esses dois aspectos introduziu e justificou a necessidade de se definir uma questão que orientaria o trabalho dos participantes como matemáticos no estudo da melancia.

A professora encorajou os alunos a criar possíveis questões que poderiam ser investigadas sobre as seis melancias que estavam no chão da sala desde o início da aula, solicitando sua contribuição ao desencadear uma "tempestade cerebral" de possíveis perguntas a respeito das melancias. Os alunos propuseram questões relacionadas a aspectos tais como cor, número de sementes, tamanho, peso, gosto e número de listas na casca, dentre outras.

A professora iniciou sua intervenção avaliando positivamente a contribuição dos alunos, disse que as questões que eles estavam propondo eram todas pertinentes e poderiam ser objeto da investigação. Quando posicionou os alunos como competentes quanto à definição de questões plausíveis de ser investigadas, ela ofereceu oportunidades para que explorassem seus interesses e habilidades no futuro. Ela sugeriu, por enquanto, que havia a necessidade de que todos focalizassem a investigação de uma questão comum: quanto a Sra. Yeager pagou pelas melancias?

O alcance da adivinhação

Após definirem qual questão seria investigada, os grupos de alunos foram desafiados a adivinhar o preço que a professora teria pago pela melancia que estava numerada com o número de sua mesa. Sem poder pegá-las, ainda, os alunos as observaram de longe, procurando adivinhar o peso delas. A vivência dessa experiência que lhes dava tão poucos elementos para arriscarem a adivinhar o preço pago pela melancia (afinal, quantos deles tinham idéia de a quanto era vendida uma melancia no mercado?) criou a necessidade de buscarem meios de levantar informações que subsidiassem a resposta estimada que cada grupo apresentaria à turma no fim desse ciclo de atividades.

Orientações para um trabalho coletivo

Ao experienciarem a construção discursiva de uma pergunta a ser investigada e o desafio de respondê-la com base em poucos elementos e identificarem a necessidade de encontrar modos de respondê-la adequadamente, os alunos foram sensibilizados para a tarefa de pesquisa. Orientados pela professora, examinaram conceitos pertinentes às atividades de pesquisa. Enquanto a professora coordenava a participação dos alunos nessa discussão, ela lhes explicou como e por que estava agindo de determinadas maneiras ao escolher alunos para responder às questões que lhes estava apresentando.

QUADRO 9
Tempo para pensar

Linha	Professora	Alunos
1609	*I see a couple of hands up* (vejo algumas mãos levantadas	Quatro estão com as mãos
6101	*anybody else* (alguém mais	levantadas.
6111	*have any idea* (tem alguma idéia	
6121	*what data is* (do que são dados	Alunos balançam o braço,
6131	*hay outra persona* (tem outra pessoa	dando sinal para que a pro-
6141	*sometimes* (algumas vezes	fessora os deixe falar.
6151	*if you have your hands up* (se vocês estão com a mão levantada	
6171	*and i don't call you right way* (e não os chamo imediatamente	Mais duas alunas erguem
6181	*it's usually because* (é normalmente porque	o braço.
6191	*I am waiting* (estou esperando	
6201	*few minutes* (alguns minutos	
6211	*to give people* (para dar as pessoas	
6221	*time to think* (tempo para pensar	
623	para pensar (para pensar	A maior parte dos alunos
(...)		está com o braço erguido.
1629	*what do you think* (o que você pensa	Jane: information
1630	*data is* (que é dado	
1631		
1632	*information* (informação	
1633	*informacion* (informação	
1634	*datos son informacion* (dados são informação	
1635	*I bet most of you* (aposto que a maioria de vocês	
1636	*knew that* (sabia disso	
1637	*but maybe you were kind of* (mas talvez vocês estivessem	
1636	*nervous to make a mistake* (nervosos com medo de errar	
1637	*and try something* (e tentar alguma coisa	
1638	*so if you thought* (então se você pensou	
1639	*you didn't have the word* (que não sabia a palavra	
1640	*information* (informação	
1641	*but maybe it's somethin* (mas talvez fosse alguma coisa	
1642	*that I got to find out* (que precisava descobrir	
1643	*go ahead and say it* (vá em frente e diga	

O exemplo apresentado no Quadro 9 nos permite perceber que a professora continuou o processo de refletir com os alunos sobre suas ações como professora. Primeiramente, ela informou aos alunos que já havia visto suas mãos erguidas, em sinal de que estavam prontos para responder à questão proposta. Em seguida, repetiu a pergunta feita indagando se mais alguém teria alguma idéia a respeito. Novamente, dirigiu-se aos estudantes que estavam com as mãos erguidas, alguns as movimentando no ar, para chamar-lhe a atenção, e explicou a razão de fazê-los aguardar. Assim, mais uma vez, a professora tornou visível e definiu uma ação comum de sala de aula que ela realizaria durante o ano escolar que estava começando: pedir que os alunos respondessem a perguntas.

Nessa situação, a professora ofereceu aos alunos uma referência para avaliar sua própria participação no contexto do funcionamento coletivo e em relação ao ritmo de seus colegas. Quando pediu aos alunos que levantaram a mão que tivessem paciência e esperassem os outros se arriscarem, ela os orientou para considerar o processo de pensar de outros participantes. Como ela sugeriu, enquanto esperavam, eles poderiam estar avaliando se tinham ou não a resposta correta, ou se deviam ou não se arriscar e falar em frente de toda a turma.

Por meio dessas considerações sobre sua maneira de agir, a professora também redefiniu a atividade de fazer e responder a perguntas como um momento de discussão de idéias, e não apenas como um momento de apresentar respostas rápidas e corretas.

Essa questão de como usar o tempo para dar oportunidade aos alunos de pensar e criar coragem de participar de uma discussão coletiva, como falantes, torna-se um ponto central quando o professor coordena a discussão no espaço interacional de turma inteira (P-T). Nesse caso, é possível dizer que o uso do tempo de determinadas maneiras pode ser também fator de inclusão ou exclusão dos alunos da participação nas atividades desenvolvidas em sala de aula. Como a professora explicou aos seus novos alunos, era importante criar oportunidades para outros alunos se envolverem na discussão coletiva.

Entre os conceitos discutidos pela turma estão os de *investigação, adivinhação, estimativa, dados, coleta de dados, observação*. Esses conceitos foram discutidos e considerados vinculados a práticas científicas, por exemplo, quando se apontou a definição de questões ou a observação como práticas comuns entre os cientistas. Por meio dessa discussão, foi possível iniciar o estabelecimento de uma compreensão conceitual comum que serviria para orientar os participantes no desenvolvimento de suas práticas de pesquisa em sala de aula.

No quinto subevento, *Estabelecendo Maneiras de Abordar o Problema*, com duração de 20 minutos, foram definidos os grupos de trabalho para a realização das atividades do projeto, com base na escolha dos alunos. Foram discutidas questões relativas ao lugar de aprendizagem de cada um, às diferenças no domínio do espanhol e do inglês, à necessidade de os alunos trabalharem com cooperação e respeito para que essas diferenças pudessem ser exploradas positivamente. Os estudantes foram desafiados a se arriscar e expor suas idéias aos colegas. O palpite dos alunos sobre o valor pago por cada uma das melancias foi examinado. Com isso, estabeleceram-se condições de distinção entre adivinhação e estimativa e se criou a necessidade de buscar mais informações que auxiliassem a estimar um valor mais próximo daquilo que de fato havia sido pago pela professora por melancia. Práticas científicas, como observação e coleta de dados, foram discutidas como alternativas de abordagem ao problema proposto. Esses cinco subeventos foram realizados no espaço interacional Professora–Turma.

À medida que essa discussão foi se desenvolvendo, a professora iniciou a produção de um glossário, em inglês e espanhol de termos característicos do campo científico e das práticas de pesquisa, que permaneceu no quadro durante todo o ano. Novos conceitos e termos foram sendo acrescentados ao longo dos meses e esse glossário deixava evidente a linguagem peculiarmente utilizada naquela sala de aula e dava suporte aos aprendizes de inglês e espanhol, quando necessitavam se de lembrar desses termos em uma língua pouco dominada por eles. Além disso, ao se apropriarem das formas de agir e falar próprias de matemáticos, historiadores, etnógrafos ou biólogos, os alunos podiam se reconhecer como tais.

Coletando dados como grupo

No sexto subevento, com duração de 50 minutos, reorganizados em grupos de cinco ou seis estudantes, os alunos iniciaram seus trabalhos buscando chegar a um acordo na estimativa do valor pago pela melancia que lhes foi entregue pela professora. Além disso, o grupo iniciou a definição de formas alternativas de coletarem informações sobre o preço de melancias no mercado, com o objetivo de ter mais elementos para fazer uma estimativa próxima ao real valor pago pela professora.

Quando estavam com a melancia na mesa de trabalho, os alunos discutiram entre si sobre qual seria o peso dela, depois de cada um ter tido a chance de carregá-la. Com base em informações prévias, chegaram a um acordo sobre o valor aproximado do quilo da melancia e propuseram a primeira estimativa do grupo sobre quanto a professora teria pago por aquela fruta.

Em grupos, os alunos retomaram a discussão de como poderiam conseguir mais dados sobre a melancia (onde a professora havia comprado, qual seria o preço nesse mercado, etc.) e estabeleceram alternativas para fazê-lo. Alguns grupos decidiram telefonar para uma das mães que comprara melancia naquela semana, outros resolveram entrevistar a professora, telefonar para um supermercado, coletar folhetos de propaganda para fazer uma média entre os diferentes preços, etc.

Comentários finais

Neste capítulo, utilizei a unidade analítica *evento* para examinar o início da produção de uma perspectiva referencial para se compreender o significado da participação na Torre. Ao examinar as escolhas discursivas da professora, foi possível destacar o seu papel nesse processo inicial de construção de uma comunidade de sala de aula com certas particularidades. A análise dos subeventos nos permite perceber que os aspectos explorados pela professora com seu novo grupo de alunos durante os eventos *Início da Comunidade* e *Jogo do Nome* foram expandidos à medida que os participantes se envolveram em sua primeira atividade acadêmica.

Um desses aspectos foi a idéia de perceber a Turma da Torre como uma comunidade de aprendizes e amigos. Ao desenvolver essa idéia com os alunos, a professora continuou a discutir o que estava envolvido na construção de uma comunidade e também na realização de ações de natureza inclusiva. Por exemplo, ela destacou a importância de integrar o conhecimento e as experiências prévias dos alunos como recursos para definir novas formas de fazer coisas na comunidade da Torre. Quando explicou a atividade da Melancia como uma tradição na Torre, a professora também destacou as ligações que existiam entre a sala de aula e as famílias dos alunos, em decorrência de participação e da contribuição de outros membros da família nessa atividade quando a mesma foi feita em anos anteriores.

A professora destacou para seus novos alunos que a construção da comunidade da Torre de 1996 exigiria de sua parte que explorassem os seus próprios recursos ativamente. Esses recursos incluíam o conhecimento e as formas de fazer coisas que haviam trazido para a sala de aula como membros de outras comunidades (por exemplo, família, vizinhança). Nesse sentido, a professora reconheceu o valor das experiências culturais dos alunos fora da escola e os incentivou a dividir essas experiências com outros, à medida que iam definindo as formas de fazer as coisas na Torre.

Os dados etnográficos mostram que a inclusão de outros membros da comunidade dos alunos e o estabelecimento de ligações entre os conhecimento dessa comunidade e a Torre foram feitos de diferentes maneiras e em várias oportunidades. Em muitas dessas oportunidades, os pais foram entrevistados sobre um tópico particular que estava em discussão na sala de aula (por exemplo, "respeito do seu ponto de vista", "tolerância") e esse material era explorado como recurso para as atividades na sala de aula. Em outra oportunidade, *Casa Aberta* ou *Noite dos Pais*, envolveu o desenvolvimento de atividades com um grupo maior de pessoas, que incluía pais, irmãos e irmãs dos alunos da Torre. Essas instâncias constituíram algumas dos momentos em que "as formas das famílias perceberem e fazerem as coisas" eram trazidas como recursos para as atividades da Torre.

Outro aspecto comum ao longo dos eventos do primeiro dia de aulas foi a tentativa de criar oportunidades para que os próprios alunos realizassem ações inclusivas. No evento *Jogo do Nome*, por exemplo, esse aspecto apareceu como um convite que vencessem as barreiras iniciais e conhecessem o máximo possível de pessoas participantes na nova comunidade. Na análise do subevento *Definindo Formas de Abordar o Problema*, mostrei como a professora destacou para os alunos o objetivo de ter mais se arriscado a apresentar suas idéias no grupo. Mais uma vez, sugeria-se a necessidade de se construir uma comunidade na qual os participantes se sentissem respeitados e não ficassem com medo de que os outros rissem deles.

Semelhanças entre os diferentes foram identificadas em outros níveis. Um desses níveis foi, por exemplo, o uso do espaço interacional de turma inteira (P-T) como um momento de delinear, negociar e construir uma perspectiva ou compreensão coletiva das atividades a desenvolver. No caso do Projeto das Melancias, por exemplo, os alunos estiveram envolvidos em experienciar e refletir sobre os processos constitutivos de uma investigação matemática. Por causa da natureza inclusiva das atividades desenvolvidas pelos participantes nesses eventos, não houve nenhuma evidência de que os alunos que tinham *dificuldade de aprendizagem* houvessem sido tratados ou tivessem participado de forma diferente dos outros. A análise dos dados do vídeo mostrou que, na discussão coletiva, por exemplo, aqueles com *dificuldade de aprendizagem* deram sugestões sobre possíveis questões que podiam ser investigadas ou sobre a compreensão que tinham sobre os conceitos discutidos (por exemplo, *dados*, *adivinhação*, *estimativa*, etc.). A observação do primeiro dia da aula e a análise das notas de campo relacionados com o subevento *Coletando Dados Como um Grupo* indicaram que os alunos institucionalmente identificados como aqueles que têm *dificuldade de aprendizagem* construíram alternativas para a coleta de dados com seus colegas de mesa (por exemplo, telefonar para um supermercado para saber o preço da melancia, sugerir preços praticados com base em lembranças da última vez que foram ao supermercado).

O contraste entre aquilo que foi realizado pelos participantes nos diferentes espaços interacionais evidenciou como o significado de "participação" nessa sala de aula particular estava continuamente sendo discursivamente estruturado. Diferentes facetas do que podia ser entendido como participação foram delineadas nesse processo interacional: papéis e relações, direitos e obrigações, demandas e expectativas. Esses aspectos foram delineados à medida que os participantes nomearam e usaram o tempo e o espaço de formas particulares (Spradley, 1980), se posicionaram e foram posicionados mediante escolhas discursivas que fizeram como professora e como alunos (Fairclough, 1993; Ivanic, 1994, 1995), se envolveram nas atividades propostas pela professora, e experienciaram e refletiram sobre as ações comuns realizadas no contexto da sala de aula.

A discussão desses aspectos no espaço coletivo e público da sala de aula pode ser entendida como um texto produzido conjuntamente pelos participantes. Esse texto foi delineado pelas ações realizadas pelos membros da comunidade, assim como também as delineou. Nessa perspectiva, pode-se considerar que esse texto representa o conhecimento comum (Edward; Mercer, 1987) ou o enquadramento cultural (Gee; Green, 1998) que orientou os processos de significação que se seguiram após o primeiro dia de aula. Desse modo, levando em consideração as formas em que esse texto foi construído discursivamente, pode-se dizer que a análise apresentada neste capítulo ofereceu elementos para situar as possibilidades de aprendizagem individual em oportunidades criadas no plano coletivo da sala de aula.

Uma das características da construção desse texto coletivo foi a natureza inclusiva das ações realizadas pela professora quando coordenava a interação entre os participantes de diferentes origens culturais e escolares. No próximo capítulo, continuo a examinar os processos de construção do texto coletivo da sala de aula e o desenvolvimento das práticas inclusivas explorando outro caso expressivo.

Capítulo 5

INTERTEXTUALIDADE, CONTEXTO E A CONSTRUÇÃO DE OPORTUNIDADES DE APRENDIZAGEM

Neste capítulo, outro ângulo de análise é explorado para evidenciar o papel das escolhas individuais e das possibilidades de interação com outros participantes e artefatos culturais na construção de oportunidades de aprendizagem na sala de aula. Focalizei o trabalho interacional de dois alunos, Bill e Roger, ao realizarem uma tarefa escolar proposta pela professora, demonstrando como esses alunos exploram e definem localmente as possibilidades de inclusão criadas na sala de aula. Bill é afro-americano, nascido na Califórnia, tendo o inglês como sua primeira língua. Roger, de descendência mexicana, tendo o espanhol como sua primeira, língua foi classificado, no início do ano, no grupo de transição 3, ou seja, um leitor fluente do inglês.

A decisão de fazer desse episódio um caso expressivo baseou-se em diferentes razões. Em primeiro lugar, a situação analisada – dois alunos escrevendo juntos uma síntese – ocorria rotineiramente na Torre, sendo, portanto, a interacão entre Bill e Roger representativa desses momentos. Segundo, a composição da dupla, cujo trabalho será aqui analisado, implica o contraste entre as suas posições institucionais, produzidas socialmente ao longo da trajetória escolar desses alunos. Do ponto de vista institucional, Bill e Roger não entraram para a turma da Torre como alunos "comuns." Ambos passaram por um processo de avaliação e testes, dentro e fora da sala de aula, e receberam classificações diferenciadas: enquanto um foi identificado como disléxico (Bill), o outro foi classificado como "superdotado." Por meio desse processo de avaliação foi construída uma "fronteira," baseada nas interpretações institucionais de suas habilidades e atuações, separando-os de outros alunos. Passaram ambos a fazer parte de grupos que se definem por oposição de suas características em relação ao grupo de crianças consideradas normais. Cada um desses alunos foi posicionado em um dos pólos da escala institucional de classificação de alunos: Roger é considerado mais capaz do que aqueles considerados normais ou disléxicos; Bill é classificado pelo que supostamente lhe falta em relação a esses alunos.

Classificações dessa natureza trazem diferentes conseqüências para a organização das atividades diárias dos alunos na escola. Os dois, ao contrário dos alunos classificados como "normais," participavam de atividades especiais fora da sala de aula. Roger desenvolvia atividades extras de enriquecimento curricular com a professora, após o horário normal de aulas; Bill ia para a sala de recursos, para ser atendido pela professora especializada, durante o horário normal de aulas (40 minutos, duas vezes por semana). As atividades desenvolvidas durante esse atendimento especializado eram bastante distintas daquelas das quais participava na Torre. Enquanto em sala de aula trabalha-se com textos reais e produção textual diversificada, o atendimento especializado privilegiava o reconhecimento e a memorização da ortografia de palavras isoladas ou, em alguns casos, o trabalho com texto para a decodificação, conhecidos entre nós como pseudotextos. No caso de Bill, esta saída da sala de aula representava uma interrupção em sua filiação e integração na vida da turma Torre. Ao retornar à classe, necessitava "recuperar" o que havia perdido, cumprir sozinho tarefas que haviam sido realizadas pelos colegas.

Esses aspectos – classificação e rotinas escolares diferenciadas – possuem um caráter simbólico que lembrava e reafirmava, cotidianamente, as diferenças socialmente construídas entre Roger e Bill e entre o restante da turma em relação a eles. No início do processo de coleta de dados, como a professora e eu havíamos concordado em estudar a integração e a participação dos alunos "com dificuldades de aprendizagem" na sala de aula, ela me apresentou um desafio: embora ela já tivesse informação sobre quais eram esses alunos em sua nova turma, perguntou-me se eu gostaria de descobrir quem eram eles com base na observação da sala de aula. Aceitei a proposta, por entender que assim teria oportunidade de contrapor uma visão institucional da criança àquela que poderia formar com base em outros critérios definidos no processo de pesquisa. Iniciei, então, a observação sem saber quais alunos eram institucionalmente identificados como aqueles com "dificuldades de aprendizagem" ou "superdotados." Confesso que nem o primeiro nem os dias subseqüentes de observação na sala de aula foram suficientes para eu descobrir quem eram esses alunos. Após a primeira semana de aula, comecei a ficar aflita com minha incapacidade de identificar os alunos com "dificuldades de aprendizagem" (três) em meio aos 28 presentes em sala de aula. O máximo que havia conseguido fazer até então fora identificar alguns alunos que aparentemente tinham mais dificuldades em atividades de leitura. Entretanto, sabia também que esse indício podia ser enganador, pois as dificuldades identificadas podiam ser expressão de diferentes fatores, como o fato de o aluno ser um aprendiz do inglês como segunda língua, ter passado por mudanças freqüentes de escola, ter ficado fora da escola por algum tempo, dentre outros. Enfim, os elementos que havia conseguido identificar, após os primeiros oito dias de aula, eram insuficientes para que pudesse chegar a alguma conclusão.

Ainda buscando alternativas para identificar alunos "com dificuldades de aprendizagem" com base na observação do seu desempenho nas tarefas desenvolvidas em sala de aula, fui surpreendida, no décimo dia de aula, com a entrada na sala de aula de uma profissional para chamar um dos alunos e, novamente, mais tarde, para chamar ainda outro aluno. Ao ser informada sobre o motivo da saída desses alunos da sala de aula, entendi que outros mecanismos tinham contribuído para que eu (e os alunos) os identificasse como aqueles que apresentavam "problemas de aprendizagem." De maneira geral, a participação desses alunos nas atividades, suas questões ou dúvidas não me pareceram muito diferentes das dos demais alunos. Além disso, eles estavam participando das atividades como o restante da turma, não sendo separados ou distinguidos pela professora como diferentes do resto dos seus colegas. De certa forma, essa situação pode ser tomada como um indicativo de que a organização do trabalho em sala de aula contribuía para que esses alunos estivessem integrados no grupo, uma vez que as demandas e expectativas quanto ao engajamento nas atividades e na produção que lhes foram apresentadas não havia sido diferenciada.

O fato de um superdotado e um disléxico trabalharem juntos pode se visto como uma expressão dessa organização favorecedora da integração desses alunos em sala de aula. Ao organizar os grupos de trabalho, a professora orientava-se pelo objetivo de levar os alunos a lidar com diferenças, colaborar com a aprendizagem uns dos outros e, assim, construir uma sala de aula inclusiva. Do seu ponto de vista, a composição dos grupos de trabalho deveria refletir a diversidade de experiências, habilidades e cultura de seus alunos. Por isso, por exemplo, após o quinto dia de aula, ao definir as equipes de trabalho mais permanentes, ela garantiu a presença de, pelo menos, um aluno bilíngüe em cada mesa, para que a comunicação entre os alunos monolíngües (inglês ou espanhol) se tornasse possível, e também para desafiar os bilíngües a usar integralmente suas capacidades. Adotou-se a mesma perspectiva em relação aos alunos cujas habilidades eram institucionalmente marcadas como diferentes do normal. Por exemplo, os alunos institucionalmente identificados como superdotados e disléxicos foram distribuídos nos diferentes grupos de trabalho. Usando esses critérios para compor os grupos, a professora criou as condições materiais (Bloome; Egan-Robertson, 1993), para a organização de um ambiente inclusivo na sala de aula. Assim, nessa perspectiva, analisar o trabalho interacional dessa dupla de alunos, que implica o contraste em termos da identificação institucional, é também tratar de práticas inclusivas adotadas na comunidade da Torre. A análise da interação entre eles constitui uma forma de examinar como exploraram as possibilidades de inclusão criadas a partir da organização dos grupos de trabalho.

Outro aspecto que influenciou a decisão de tratar a interação entre essa dupla de alunos como um caso expressivo relaciona-se a outro critério adotado pela professora na composição dos grupos: permitir aos alunos ter em seu grupo de trabalho pelo menos um de seus colegas preferidos, um amigo. Roger e Bill indicaram um ao outro na lista de três nomes que entregaram à professora, no início e no meio do ano, quando a composição dos grupos de trabalho foi definida. (Foram duas composições de grupos estáveis durante o ano, uma para o primeiro semestre e outra para o segundo semestre de aulas. Eventualmente, conforme os objetivos das atividades a serem desenvolvidas, a professora permitiria aos alunos se agruparem livremente ou adotaria outros critérios para a composição dos grupos de trabalho.) Com o passar do tempo, fiquei sabendo que Bill e Roger eram amigos de anos anteriores e que, geralmente, ficavam juntos no recreio e na hora do almoço. Além disso, para as atividades escolares desenvolvidas em duplas, quase sempre escolhiam trabalhar juntos, como aconteceu na atividade que se analisará a seguir. Dessa forma, a microanálise da interação entre Bill e Roger é entendida como uma oportunidade para eu perceber como esses dois alunos lidavam com as questões relacionadas à amizade e às suas posições institucionais, quando se ocupavam das tarefas escolares, e de que maneira esses aspectos eram constitutivos do discurso que realizavam em sala de aula.

Situando o caso expressivo no fluxo das atividades do dia

A tarefa realizada por Bill e Roger fez parte de um ciclo de atividades, Projeto Tolerância, dedicado ao estudo da Segunda Guerra Mundial e Tolerância (Yeager, Pattenaude, Franquiz e Jennings, 1999). Como ciclo de atividades, esse projeto caracteriza-se por um conjunto de eventos vinculados interacionalmente e centrados em torno de um tema específico (Green & Meyer, 1991), iniciado em 13 de janeiro e concluído em junho, último mês de aulas. O caso apresentado neste capítulo ocorreu em 25 de março.

A atividade proposta pela professora aos alunos envolvia o contraste entre dois textos escritos. Um deles era um segmento da fábula *As Coisas Terríveis*[17] e o outro, um discurso do Pastor Niemöller.[18] A leitura feita pela professora dessa fábula à turma marcou o início do Projeto Tolerância. Após ouvirem a leitura desse texto, a professora solicitou aos alunos que registrassem, individualmente, por meio de desenhos, o que haviam sentido e pensado enquanto ouviam a história. Dois meses depois, os alunos foram novamente solicitados a refletir sobre a fábula *As Coisas Terríveis*, contrastando-a com discurso feito pelo Pastor Niemöller sobre como diferentes nações e grupos sociais reagiram à perseguição nazista aos judeus, ciganos e outras minorias.

---

[17] Essa fábula narra a história de diferentes espécies de animais que viviam em uma floresta harmonicamente, até o dia em que um monstro desconhecido começou a perseguir e a exterminar cada uma das espécies por vez. A cada espécie exterminada, os outros animais sobreviventes indagam sobre o que havia acontecido, mas acabam acreditando que aquilo era inevitável, uma vez que não poderiam lutar contra o monstro, e terminam por não ajudar a espécie que passa a ser perseguida. Ao final da historia a última espécie sobrevivente se vê sozinha para enfrentar o monstro.

[18] O discurso do Pastor Niemöller trata da perseguição nazista a diferentes grupos étnicos e de como algumas nações (Estados Unidos, França, Inglaterra) se posicionaram em relação a essa questão.

Os participantes desenvolveram diferentes atividades para justapor esses dois textos. Primeiro, a professora apresentou a atividade para toda a turma, explicando seus objetivos e os procedimentos a adotar; depois, cada aluno recebeu uma cópia de ambos os textos para ler e sintetizar individualmente. Essa síntese foi registrada no formato Venn Diagram: o registro da síntese de cada texto foi feito de cada lado do diagrama e o registro do que os dois textos tinham em comum, na intersecção das duas faces do diagrama. Depois dessa etapa dos trabalhos, cada aluno recebeu da professora um círculo de papel, recortado em folha de cartolina rosa ou azul, representando uma metade de um Veen Diagrama. Em seguida, foram orientados a escrever a síntese da fábula *As Coisas Terríveis* se tivessem recebido um círculo rosa, e a síntese discurso do Pastor Niemöller, se tivessem recebido um círculo azul. Tendo concluído essa tarefa, os alunos foram orientados a encontrar algum companheiro que tivesse a outra metade do Diagrama Venn (uma parte com cor diferente da que possuíam) para que trabalhassem em duplas na produção de um texto, a ser registrado na interseção dos dois círculos que apontasse os aspectos comuns entre o discurso e a fábula. Ao se reunirem em duplas, cada aluno leu a síntese feita pelo parceiro e, após essa leitura, discutiram sobre os aspectos identificados como comuns aos dois textos. Com base na discussão feita, passaram à produção do texto escrito a ser registrado na interseção do diagrama.

Essas atividades podem ser entendidas como os contextos locais que precederam e delinearam o trabalho das diferentes duplas de alunos na realização da tarefa proposta pela professora. Por exemplo, as condições materiais para desenvolver a atividade foram criadas quando os alunos prepararam individualmente sua parte do diagrama. Além disso, enquanto a interação entre os participantes era organizada no espaço interacional de turma inteira, a professora discutiu o significado daquela atividade no contexto do ciclo de atividades, Projeto Tolerância. Ela destacou que essa atividade estava iniciando a indagação da turma sobre o "e daí" das muitas discussões feitas até então sobre a questão da tolerância.

Como nos anos escolares anteriores, nessa fase desse ciclo de atividades, o processo de trabalho estava sendo conduzido de forma a levar os alunos a refletir sobre o que eles poderiam fazer como cidadãos em relação a essa problemática. Uma das últimas turmas da Torre, por exemplo, havia decidido escrever carta aos estudantes de outra escola, onde havia ocorrido um assassinato, como conseqüência de brigas entre *gangs* e enviar uma carta ao jornal local. Dessa forma, a construção da base material (Bloome; Bailey, 1992) e também de uma perspectiva referencial (Wertsch, 1991) para orientar a participação na atividade foi iniciada bem antes de os alunos começarem a trabalhar em duplas naquele dia.

Descrição dos procedimentos analíticos e de representação dos dados

A análise apresentada, a seguir, examina diferentes aspectos constitutivos da produção textual feita por Bill e Roger como uma forma de compreender como essa produção estava imersa em possibilidades criadas na sala de aula e como esses alunos definiram inclusão localmente. Exploro dois procedimentos analíticos complementares nessa análise: a identificação de diferentes unidades analíticas do discurso (unidades de mensagem, unidades de ação, unidades de interação e unidades de seqüência) e a noção de intertextualidade, como é proposta por Bloome e Egan-Robertson (1993). Examinando a relação semântica entre unidades de mensagem registradas na transcrição da fala dos participantes reconstruí "peça a peça" a conversa entre esses dois alunos. Essa análise foi orientada pelas seguintes questões: O que Bill e Roger propuseram um para o outro (para fazer, para discutir etc.)? O aspecto proposto foi reconhecido e confirmado pelo parceiro? Qual foi a importância social (conseqüências) dos atos realizados por esses alunos? Para explicar o funcionamento desse processo analítico, apresento, no Quadro 10, a transcrição detalhada da primeira seqüência interacional identificada.

QUADRO 10

Seqüências interacionais 1, 2 e 3 – Iniciando a realização da tarefa em dupla

Linha	Bill	Roger	Informações contextuais
1	*are you understanding* (você está entendendo	-Roger continua lendo-	Bill e Roger trocam sínteses que fizeram
2	*the words* (as palavras		individualmente para lerem.
3	*I wrote a little* (eu escrevi pouco	-Roger continua lendo-	
4	*ahn* (né		
5	-Bill observa Roger lendo-	-Roger continua lendo-	A palavra *did* tem a marca de um erro: a letra
6	*did* (fiz	-Roger lê a síntese feita por Bill	“i” sobre a letra “ o “
7	- Bill lê síntese feita por Roger -		Roger lê silenciosamente; Bill sussurra.
8	*Ok*	-Roger continua lendo-	Bill sinaliza que terminou a leitura.
9	- pausa 2 segundos -	*I kind of understand* (acho que entendo	
10			
11	- esboça sorriso -	*I didn't understand* (eu não entendi	O sorriso de Bill sugere certo alívio.
12		*a wooord* (uma palavra	
13			
15	*I know* (eu sei	- pausa de 2 segundos-	Bill abaixa o olhar em direção ao seu texto
16	- pausa de 2 segundos-		que está com Roger
17	*ok*		
18	*what is this* (o que é isso	I	Bill pergunta e aponta palavra no texto
19			
20	*you understand* (você entende	which word *(que palavra*	Bill sugere que o assunto está encerrado.
21		which word *(que palavra*	Roger pergunta em tom mais alto,
22		which word *(que palavra*	retomando a questão da qualidade do traçado.
23	*ahn*	*a* (ei)	
24	-Bill aponta a palavra novamente -	- Roger fica rindo -	Roger ri.
25	*you said* (você disse		Bill também está risonho e enfatiza a palavra
26	*iiiiii* (eeeuuu	- fica rindo com o colega -	“*I*” (eu) com a prolongação da vogal.
27	- fica rindo com o colega -		Os dois ficam rindo da provocação mútua.

A conversa representada no Quadro 10 corresponde ao momento inicial do trabalho da dupla de alunos Bill e Roger, quando cada um realizava a leitura da síntese feita pelo colega de um dos dois textos lido anteriormente. As seguintes unidades de análise do discurso foram consideradas no processo analítico: unidades de mensagem, unidades de ação, unidades interacionais e unidades de seqüência interacional. As unidades de mensagem, definidas como unidades mínimas da fala ou da ação conversacional – verbal ou não-verbal (Green; Wallat, 1981) –, são representadas em diferentes linhas da transcrição, nas colunas em que os discursos dos participantes são registrados (Bill, Roger). Por exemplo, a primeira unidade de mensagem ("você está entendendo") é registrada na linha 1 da coluna da esquerda do Quadro 10. A segunda unidade de mensagem, "as palavras", é registrada na linha 2 da coluna da esquerda, a unidade de mensagem "eu escrevi pouco" na linha 3 e na linha 4 temos "ahn". Finalmente, temos a unidade de mensagem "fiz", na linha de 6. Todas essas seis unidades de mensagem foram proferidas por Bill, e cada uma delas está registrada, respectivamente, em diferentes linhas do quadro.

Uma análise posterior, que consistiu em examinar a relação semântica entre as unidades de mensagem e as pistas para a contextualização presentes na conversa dos dois alunos, levou-me à identificação de diferentes níveis de conexões entre essas unidades de mensagens. Por exemplo, a interpretação analítica mostrou que o propósito da ação de Bill – unidades de mensagem representadas nas linhas 1 e 2 ("você está entendendo/as palavras") – era fazer a Roger uma pergunta sobre a qualidade (clareza do traçado e correção da ortografia) de sua escrita no texto de sua autoria que seu colega estava lendo. Nesse sentido, essa pergunta expressou a intenção de Bill de envolver seu parceiro em uma conversa sobre esse aspecto. A pergunta feita por Bill, composta de duas unidades de mensagem, é identificada como uma unidade de ação.

Na segunda coluna do Quadro 10 (da esquerda para a direita), estão registradas as respostas de Roger a Bill. Embora Roger não tenha respondido oralmente à pergunta do colega, o fato de ele continuar lendo (linhas 3), foi interpretado como expressão de sua intenção de não se envolver em uma conversa proposta por Bill naquele ponto da atividade. Dessa forma, essa resposta não-verbal foi considerada uma unidade de ação.

Ao reagir à resposta de Roger, Bill fez outro comentário sobre seu próprio trabalho: "eu escrevi pouco" (unidade de mensagem na linha 3). A avaliação que Bill fez de seu próprio trabalho (ter escrito pouco) está ligada à próxima unidade de mensagem registrada na linha 4: "ahn"; dito em entonação ascendente, uma das características constitutivas de perguntas em inglês. Essas duas unidades de mensagem constituem uma nova pergunta a Roger, sendo, portanto, considerada uma unidade de ação. Roger reagiu à segunda questão de Bill continuando a ler (linha 4, na segunda coluna), mostrando que ele ainda não pretendia se envolver em uma conversa com Bill.

Depois de fazer duas perguntas a Roger, Bill começou a observá-lo, enquanto ele lia suas anotações. Por causa da posição da filmadora, não foi possível ver que pistas contextuais indicaram a Bill que Roger estava tendo dificuldades de ler uma palavra escrita por ele. No entanto, entendi que, ao falar "fiz" (*did*, no original), Bill teve a intenção de auxiliar Roger a ler essa palavra. Um exame do texto escrito por Bill reforçou essa hipótese, pois permitiu ver que Bill havia, inicialmente, escrito *dod* e, posteriormente, registrado a letra "i" por cima da letra "o." O que deve tê-lo levado a supor que tal fato poderia ser a fonte da dificuldade de Roger.

As diferentes unidades de ação identificadas, respectivamente, na fala de Bill e Roger (linhas 1-6) estão relacionadas entre os turnos dos falantes. A relação entre as unidades de ação ao longo da mudança de turnos é denominada de "unidade interacional" e consiste de uma corrente de ações relacionadas entre si. As pistas para a identificação das unidades interacionais são as ações dos atores em resposta a um falante ou a uma ação inicial (Green e Wallat, 1981), com o objetivo de propor questões, orientar, responder a perguntas, avaliar. Às três unidades de ação identificadas na fala de Bill, durante sua tentativa de iniciar uma conversa com Roger, corresponderam a unidades de ação identificadas na participação de Roger, que funcionaram como respostas às perguntas ou comentários de Bill. Temos, então, três unidades interacionais: na primeira, Bill pergunta a Roger e Roger continua lendo; na segunda, Bill faz a segunda pergunta e Roger continua lendo; na terceira, Bill fala a palavra "fiz" (*did* no original) e Roger continua lendo.

Quando se analisa a transcrição representada no Quadro 10, pode-se ver que depois dessas três primeiras unidades interacionais, Bill interrompeu suas tentativas de envolver Roger em uma conversa e iniciou a leitura da síntese feita pelo seu colega (linha 7). Apesar de nesse momento as ações dos dois alunos indicarem uma continuidade daquilo que vinha acontecendo antes (por exemplo, a leitura da síntese feita por Bill já era o foco da atenção de Roger), elas corresponderam, também, a uma mudança nas atividades dos participantes e também em sua orientação. Por exemplo, Bill não tentou conversar com Roger e os dois se concentraram na leitura.

A contraposição e a análise da relação existente entre as unidades interacionais fundamentam a identificação de outra unidade analítica de discurso, chamada unidade de seqüência interacional. As unidades de seqüência interacional são definidas com base na relação entre unidades interacionais que se conectam em tópicos conversacionais e/ou atividades, sendo, portanto compostas por um conjunto de unidades interacionais – por sua vez, relação entre turnos de ações interacionais – (Green; Wallat, 1981).

São três as unidades de seqüência interacional no trecho da transcrição apresentado no Quadro 10. A primeira consiste das três primeiras unidades interacionais (ver linhas 1-6). A segunda, linha 7, resultou das mudanças na orientação dos alunos e da atividade, particularmente de Bill (momento em que os dois estão lendo o texto um do outro). A terceira está registrada nas linhas 8-27.

Por meio do exame de como Bill e Roger reagiram às ações do outro, ilustrei o processo de análise que levou à identificação e definição das fronteiras entre as diferentes unidades analíticas de discurso (unidades de mensagem, unidades interacionais, unidades de seqüência interacional). Com base nessa análise, foi possível identificar 24 seqüências interacionais constitutivas da interação entre esses dois alunos no momento da produção da tarefa proposta pela professora.

As ações de Bill e Roger e seus possíveis significados

O Quadro 10 apresenta uma síntese descritiva das unidades de seqüência interacional identificadas na conversa entre Bill e Roger durante a realização a produção textual proposta pela professora. São apresentados no Quadro 5.2 três tipos de informação sobre as unidades de seqüência interacional: os números das linhas das unidades de mensagem correspondentes a cada uma delas; a lista de participantes envolvidos na conversa; uma descrição do tópico conversacional abordado pelos alunos.

As 24 seqüências interacionais, identificadas por meio da utilização do procedimento analítico ilustrado no Quadro 10, foram examinadas mediante a exploração dos critérios propostos por Bloome e Egan-Robertson (1993) para analisar a construção social de intertextualidade. Ou seja, procurei verificar se as propostas feitas por um aluno ao outro foram reconhecidas e validadas. Além disso, indaguei sobre o significado social dessas propostas. Assim utilizando esses critérios analíticos, trabalhei as seguintes perguntas: Quem *propôs* o quê?

QUADRO 11
Identificando os tópicos conversacionais na interação entre Bill e Roger

Seqüências Interacionais/Linhas	Participantes	Descrição
1/ 1-6	Bill e Roger	Bill manifesta sua preocupação com a qualidade de seu trabalho
2/ 7	Bill e Roger	Bill e Roger lêem as sínteses um do outro.
3/ 8-27	Bill e Roger	Bill e Roger discutem a qualidade do trabalho de Bill e zombam um do outro.
4/ 28	Bill e a filmadora	Bill dá um "tiau" para a câmara e volta ao trabalho.
5/ 29-34	Bill e Roger	Bill e Roger lêem texto escrito no quadro pela professora.
6/ 35-50	Professora, Bill, Roger	A professora orienta sobre continuidade do trabalho; reorienta Roger para a interlocução com Bill.
7/ 51-75	Bill e Roger	Bill e Roger decidem sobre os aspectos comuns nos dois textos.
8/ 76-77	Bill e Roger	Bill e Roger comemoram o andamento dos trabalhos.
9/ 78-79	Profa. Assistente, Bill e Roger	A professora assistente confere o andamento do trabalho da dupla e orienta-os para próxima etapa.
10/ 80-84	Bill e Roger	Bill definem quem será o escriba da dupla.
11/ 85-103	Profa. assistente, Bill e Roger	A professora assistente confere trabalho da dupla; a dupla expõe o que fizeram até o momento.
12/ 104-105	Bill e Roger	Bill e Roger comemoram o fato de terem convencido a professora assistente de que cumpriram o combinado pela turma para a execução da tarefa.
13/ 106-115	Bill, pesquisadora e Roger	Bill conversa com a pesquisadora sobre o novo microfone sem fio.
14/ 116-145	Bill e Roger	Roger e Bill produzem um texto escrito. Bill questiona a Roger porque não acolheu sugestão dada por ele.
15/ 146-164	Bill e Roger	Bill pergunta a Roger como ele escrevia a expressão *speak up*.
16/ 165-174	Bill e Roger	Roger escreve, enquanto Bill continua a lhe fazer sugestões e a acompanhar de perto o que é registrado.
17/ 175-200	Bill e Roger	Roger confere a grafia da palavra *away*
18/ 201-211	Profa., Bill e Roger	Bill busca a autoridade da professora para decidir sobre a escrita da palavra *away*.
19/ 212-226	Bill e Roger	Bill e Roger discutem quem estava errado e quem estava certo sobre escrita da palavra *away*.
20/ 227-234	Bill, Roger (microfone)	Bill e Roger se revezam ao microfone para listar palavras que o outro não saberia escrever corretamente.
21/ 235-242	Bill e Roger	Bill concentra-se novamente na escrita do texto e é seguido por Roger. Eles terminam o texto.
22/ 243-245	Bill e Roger	Bill e Roger comemoram conclusão da produção do texto.
23/ 246-248	Professora., Bill e Roger	Roger pergunt à professora se ele poderia grampear as partes do Diagrama Venn.
24/ 249	Profa. – turma inteira	A professora. toca a marimba, Bill e Roger param de conversar e prestam atenção no que a professora diz.

Para quem? Como foi feita a proposta? A proposta feita foi *reconhecida* e *confirmada* pelo outro participante (ou participantes) na interação? Qual foi a importância social de uma proposta feita por um aluno particular? Assim, a aplicação desses critérios na análise das ações dos participantes possibilita compreender as conexões entre elas, ou seja, a natureza intertextual da interação entre os participantes em sala de aula.

Retomarei, a seguir, seqüências 1, 2 e 3, apresentadas no Quadro 11, para analisá-las a luz dessas questões. Como foi demonstrado antes, Bill fez duas perguntas a Roger, ambas relacionadas com a qualidade do seu trabalho (linhas 1-4 do Quadro 11). A primeira pergunta expressou sua preocupação com as palavras – seu parceiro podia entender as palavras que escreveu? A segunda expressou sua preocupação com a quantidade de texto que escreveu. Além disso, sua atitude de tentar ajudar seu amigo a ler seu texto confirma sua preocupação em relação à qualidade do texto que escrevera. Considerando que esse era o início de uma atividade em que os alunos permitiam a um colega ter acesso à produção dele, individual, as ações de Bill indicam sua preocupação com avaliação que Roger faria de sua produção textual. Pode-se também entender as ações de Bill como uma tentativa de impedir qualquer problema causado pela qualidade do seu trabalho para otimizar as condições de desenvolvimento da atividade com o seu colega.

A reação de Roger à preocupação de Bill (continuar lendo) pode ser interpretada como se ele não tivesse ouvido as perguntas do colega ou como se as perguntas não tivessem importância para ele, embora as tivesse ouvido. Nessa perspectiva, a ação de Bill de desistir de sua tentativa de começar uma conversa com Roger, naquele momento, poderia também sugerir que a questão já estava encerrada para ele. No entanto, a possibilidade de examinar a relação existente entre as diferentes unidades de discurso identificadas ao longo da conversação entre esses dois alunos auxilia a compreender melhor a repercussão da preocupação manifestada por

Bill nesse processo interativo e como ela foi tratada ao longo da produção de um texto escrito pela dupla.

O reconhecimento e a confirmação das perguntas de Bill por Roger ocorreram como uma resposta atrasada (*delayed response*, BLOOME; EGAN-ROBERTSON, 1993), registrada na linha 10 do Quadro 10. Ao balançar sua cabeça afirmativamente, quando terminava de ler o texto do colega, Roger afirmou: "acho que entendo". O contexto de ocorrência dessa frase indica sua relação com as preocupações manifestadas por Bill momentos antes. Esse tópico se torna, em seguida, o foco da conversa entre esses dois alunos, indicando sua importância para os dois (linhas 12-27)

Embora Roger tenha começado sua reação a Bill com uma avaliação favorável ao colega ("acho que entendo"), ele mudou sua afirmação rapidamente. Ele parou de balançar a cabeça, olhou para Bill e afirmou em tom provocativo: "Não entendi / uma palavra." Essa afirmação veio como uma "surpresa", uma vez que indicava uma avaliação diferente daquela sugerida pela afirmação anterior. A ênfase em "uma palavra" informava que Roger não havia entendido nada do que lera, demonstrando, assim, que avaliava negativamente o trabalho de Bill. A primeira reação de Bill a esse segundo comentário de Roger foi concordar com ele: "uu sei", ele disse (linha 15).

Depois de alguns segundos, Bill assumiu uma posição diferente na discussão. Ao invés de simplesmente concordar com o comentário do colega, Bill passou a desafiá-lo e apontou determinada palavra para que o amigo a lesse (ver linha 18 da transcrição). Roger leu a palavra indicada por Bill, caindo na "armadilha" feita por ele. Bill fechou esta unidade de interação (linha 20: "você entende") explorando a evidência dada pelo Roger (a leitura da palavra "eu"), para argumentar que, ao contrário do que dissera, Roger pôde compreender o que ele, Bill, havia escrito. Dessa forma, ele pôde sugerir que a sua escrita não estava tão ruim e que, portanto, não levara tão a sério o comentário depreciativo de Roger.

Na unidade interacional das linhas 21-27, Roger tentou reverter esse processo de discussão para defender sua posição depreciativa do trabalho de Bill. Pediu, então, a Bill que novamente apontasse a palavra para que ele tentasse lê-la. (linhas 21-23). Quando Bill o atendeu, Roger, deliberadamente cometeu um erro na leitura da palavra indicada (linha 24: leu "a" ao invés de "eu"). No final dessa unidade de seqüência interacional, representada nas linhas 26 e 27, Roger e Bill riem da provocação mútua e Bill usa, mais uma vez, a ocorrência anterior (Roger lendo a palavra corretamente) para sugerir que a manobra de Roger para desmantelar seu argumento não havia sido bem-sucedida.

A análise de como esses dois alunos lidaram como esse tópico conversacional proposto por Bill (linhas 1-6; preocupação com a qualidade do traçado de sua escrita) oferece alguns elementos para entender a importância social desse aspecto particular na história escolar e de amizade entre eles. As brincadeiras, gozações e risadas que marcaram a conversa sobre a qualidade do trabalho de Bill indicaram que essa questão era um tópico "quente" entre eles, bem como que a avaliação do trabalho de Bill estava entrelaçada com a definição da posição de um em relação ao outro como aluno, já que a questão de autoridade (quem ia provar que o outro estava errado?) também apareceu durante a brincadeira (linhas 11-27). O jeito de se falarem, fazendo brincadeiras e provocações, foi também notado em outros dias de aula e era comum também na relação entre outros alunos (principalmente meninos). Esse jeito de interagir com o colega pode ser visto como uma expressão de uma relação de amizade que suporta brincadeiras dessa natureza sem que isso interfira no equilíbrio desse relacionamento.

No entanto, para se entender melhor como esses aspectos foram constitutivos do processo de trabalho realizado por esses dois alunos, tornou-se necessário trabalhar as seguintes questões: Houve outras instâncias na interação entre Bill e Roger em que os aspectos identificados acima (por exemplo, a ligação entre a avaliação do trabalho de Bill e sua posição como aluno) ocorreram?Que outros aspectos surgiram como significativos para esses alunos no processo de realização da tarefa proposta pela professora?

O contraste entre as diferentes unidades de seqüência interacional sintetizadas no Quadro 11 mostrou que alguns tópicos conversacionais foram predominantes na conversa desses alunos durante a realização da tarefa proposta pela professora. Esses tópicos são os seguintes: Amizade (unidades de seqüência 8, 12, 22); instrumentos de pesquisa (unidades de seqüência 4, 13, 20); Perspectiva Referencial para Realização da Tarefa (unidades de seqüência 5, 6, 9, 11, 23); Escrita do Texto (unidades de seqüência 2, 7, 14, 16); Ortografia (unidades de seqüência 1, 3, 10 15, 17, 18, 19, 20). Pode-se perceber que esses tópicos foram abordados pelos alunos em diferentes momentos durante a realização do trabalho, por exemplo, o tópico denominado Amizade foi identificado nas seqüências interacionas 8 e 22. Além disso, pode-se ver que a freqüência com que cada um desses tópicos foi abordado pelos dois alunos foi também variada. Por exemplo, enquanto a questão dos instrumentos de pesquisa foi foco da conversa entre eles em três momentos, a questão da ortografia foi objeto de discussão em oito momentos diferentes.

Embora para efeito de análise, esses tópicos conversacionais tenham sido agrupados em categorias distintas, entende-se que eles estão interligados um ao outro e que todos eles são constitutivos da atividade proposta pela professora, conforme foi discursivamente realizada por essa dupla de alunos. Por exemplo, como se verá adiante, os momentos em que a questão da amizade entre Roger e Bill foi evidenciada na interação dos dois ocorrem quando foram capazes de concluir uma etapa do trabalho de acordo com a perspectiva referencial para realização da tarefa definida pela professora e a turma de alunos momentos antes.

Manifestação dos laços de amizade

Os laços de amizade entre esses dois alunos estavam presentes ao longo dessa interação, uma vez que sua história comum não poderia ser simplesmente apagada ou ser posta de lado. No entanto, decidiu-se nomear e destacar as instâncias nas quais esse aspecto era o foco explícito da atenção dos alunos durante o desenvolvimento da tarefa (ver no Quadro 11 as seqüências interacionais 8, 12 e 22).

Como foi indicado no Quadro 11, por três vezes Bill e Roger comemoraram, em diferentes momentos da realização da tarefa, algo que realizaram juntos. Essa comemoração foi feita por meio do gesto de erguer a mão direita e bater na palma da mão direita do outro, que se encontrava na mesma posição (*high five*). A primeira ocorrência do *high five* foi na unidade de seqüência 8, depois que eles discutiram e concordaram sobre os aspectos comuns entre os textos *As Coisas Terríveis* e o *Discurso do Pastor Niemöller.* Nessa instância, eles estavam comemorando a realização da segunda fase da tarefa proposta pela professora (chegar a um acordo sobre o que registrar como comum aos dois textos).

Na unidade de seqüência interacional 12, eles comemoraram, novamente batendo a palma da mão na mão do outro, o fato de terem respondido de maneira convincente às perguntas feitas pela professora assistente que verificava o andamento dos trabalhos nas duplas. Ao responder suas perguntas, Bill e Roger demonstraram que tinham lido o texto um do outro, discutido e chegado a um acordo sobre o que escrever, provando que estavam prontos para a próxima fase dos trabalhos: produzir o texto escrito sobre suas conclusões. Ao receber o reconhecimento e a aprovação da professora assistente, Bill e Roger fizeram sua comemoração usual. Esse tipo de comemoração aconteceu mais uma vez quando Bill e Roger concluíram a produção do texto escrito (unidade de seqüência interacional 22).

A natureza simbólica da batida de palmas usada por Bill e Roger é compreendida como expressão de diferentes aspectos. Nos Estados Unidos, esse é um gesto presente no dia-a-dia de diversos grupos da população. Em família, por exemplo, adultos convidam/ ensinam crianças pequenas a bater as mãos para marcar os momentos a uma criança pequena tenha conseguido realizar algo independentemente. Nos esportes, esse é um gesto utilizado com freqüência para comemorar um ponto ganho, uma conquista comum. O *high five* é um gesto, uma prática cultural, que se realiza entre pessoas que têm uma história em comum e certo grau de conhecimento entre elas. Não se convida ou se propõe fazer um *high five* com uma pessoa estranha ou com a qual se teve pouco contato, uma vez que esse gesto estaria contrariando a lógica de seu uso. Dessa forma, entendo que, ao comemorarem com a batida das palmas de suas mãos, Bill e Roger estão utilizando uma prática cultural para sinalizar os laços estabelecidos entre eles ao longo do tempo e em diferentes contextos interacionais nos quais tiveram oportunidade de participar juntos.

Esse cumprimento também foi usado, com freqüência, por esses dois alunos em relação a um outro colega, Hugo; também classificado como superdotado. Por exemplo, Bill e Hugo, que não eram do mesmo grupo de trabalho durante a segunda metade do ano escolar, foram vistos inúmeras vezes fazendo a mímica desse cumprimento quando se assentavam em lados opostos da sala de aula. Nessas circunstâncias, o propósito dessa ação era, por vezes, comemorar uma eventual contribuição por parte de um deles nas atividades desenvolvidas no espaço interacional de turma inteira.

Outro aspecto simbolizado por esse gesto, já que ocorria muitas vezes em comemoração a uma tarefa cumprida de acordo com as demandas e expectativas definidas no plano coletivo, era o da importância social que tal realização teria na definição da posição deles como alunos nessa sala de aula particular. Além disso, simboliza o reconhecimento, por parte desses alunos, de que as tarefas cumpridas em sala de aula representavam uma realização conjunta a partir da contribuição de cada um deles.

A simultaneidade dessa comemoração com o que acontecia no plano coletivo da turma (co-ocorrência de espaços interacionais) indicava a existência de laços entre eles que eram, relativamente, independentes de certas circunstâncias da sala de aula (por exemplo, estar em grupos de trabalhos diferentes por determinação da professora) ou designações institucionais (ser identificado como superdotado ou disléxico), como se esses aspectos não fossem os determinantes de sua história, mas sim que a história da relação entre eles seria constituída por elementos que a situação institucional não abarcava ou controlava.

Microfone sem fio e o seu uso para manifestar discordâncias

Os aparelhos utilizados para a coleta de dados também se tornaram outro tópico conversacional para Bill e Roger durante a realização da tarefa. A filmadora era parte comum do cenário, uma vez que esteve lá desde o primeiro dia de aulas e, em geral, era esquecida pelos participantes. Entretanto, vez ou outra, ao mudarem de posição nas carteiras, os alunos a viam e acenavam para ela (para mim) e, depois, continuavam seus trabalhos. Um exemplo está registrado no Quadro 11, unidade de seqüência interacional 4.

O mesmo não pode ser dito do microfone sem fio que foi utilizado pela primeira vez naquele dia. Como era uma novidade, tanto para mim como para eles, causou verdadeiro interesse nos alunos. Como funcionava se não estava conectado à câmara? Isso motivou a conversa entre os dois e eu (unidade de sequência interacional 13) sobre o funcionamento daquele instrumento.

Essa novidade ao alcance das mãos acabou sendo explorada por Bill e Roger para a manifestação explícita de suas discordâncias. A primeira ocorrência disso aconteceu quando Bill perguntou a Roger porque ele não usara a frase que ele havia sugerido para começar o texto (unidade de seqüência interacional 14). Bill, já havia feito essa pergunta uma vez ao amigo, mas como não obteve resposta, apanhou o microfone sobre a mesa e se dirigiu ao colega, em pose de jornalista e refez a sua pergunta. Roger simplesmente respondeu que achou melhor fazer de outro jeito, não dando muita atenção ao questionamento do colega. É interessante observar que, ao utilizar o microfone, Bill não só se dirigiu ao seu amigo de maneira clara sobre esse tema, mas também manifestou (e registrou) explicitamente, para mim, que estava na recepção da gravação, a sua insatisfação em relação ao colega e a sua contribuição para o trabalho que vinha sendo realizado.

A segunda vez que o microfone sem fio foi foco da atenção desses alunos ocorreu quando os dois se alternaram ao microfone, de maneira descontraída e em tom de brincadeira, listando palavras que o outro não sabia escrever corretamente (unidade de seqüência 20). Dessa forma, o microfone sem fio acabou sendo utilizado por esses dois alunos como canal de manifestação e registro de suas discordâncias. Será demonstrado, a seguir, que essas discordâncias se relacionavam às diferenças de posicionamento institucional desses alunos construído ao longo de sua história escolar. É interessante notar, então, que, mesmo quando estavam "desviando" a atenção da tarefa proposta pela professora, esses alunos estavam tratando de aspectos constitutivos dessa tarefa conforme realizada por eles, dadas as condições históricas e particulares em que se conheciam e se relacionavam.

Perspectiva referencial para a realização da tarefa

Perspectiva referencial para a realização da tarefa foi a denominação dada ao tópico focalizado pelos alunos nas seqüências de unidade interacional em que Bill e Roger voltaram sua atenção para o que havia sido definido pelos participantes da turma (professores e alunos), durante os primeiros eventos do dia, sobre como a produção do texto deveria ser feita. Bill e Roger se ocuparam desse tópico em 5 das 24 seqüências interacionais identificadas (unidades de seqüência 5, 6, 9, 11, 23). Roger iniciou duas dessas seqüências interacionais (5 e 23) e as restantes foram iniciadas pela professora ou pela professora assistente (6, 9, 11). A significação social desse tópico de conversação no processo de trabalho desenvolvido por Bill e Roger é ilustrada na análise das unidades de seqüência números 5 e 6 (ver Quadro 12).

Na primeira unidade de seqüência interacional apresentada no Quadro 12 (linhas 29-34), Roger inicia a comparação do que ele e Bill realizaram até aquele momento com as anotações escritas pela professora no quadro, no momento em que ela discutiu com a turma os objetivos da tarefa e os passos a seguir para sua realização. Em razão do contexto interacional em que essas anotações foram produzidas, elas podem ser entendidas como o registro de aspectos da perspectiva referencial (Wertsch, 1991) estabelecida no espaço público e coletivo da sala de aula para orientar a participação dos alunos durante o processo de trabalho. Nessa perspectiva, o texto escrito no quadro constituía um recurso em potencial, disponibilizado pela professora, para guiar os alunos durante os trabalhos, ao sinalizar as etapas que deveriam ser observadas nesse processo de produção escrita.

Ao ler as anotações no quadro, Roger indicou que as reconhecia e validava como um recurso valioso para recuperar decisões e planos feitos no nível coletivo da sala de aula e se posicionou como um membro da turma que respondia às expectativas e demandas definidas para e pelo grupo. Pode-se fazer uma interpretação semelhante em relação à ação de Bill de se juntar à leitura das anotações do quadro (linha 32). A ação de Bill demonstrou que ele via a atitude de seu amigo como pertinente e que, portanto, também reconhecia a necessidade

QUADRO 12
Seqüências interacionais 5 e 6 – Perspectiva referencial como tema de discussão

Linha	Bill	Roger	Informações contextuais
29		*well* (bom	
30		*the next thing we do* (a próxima coisa a fazer	Os dois olham na direção do quadro para ler as notas feitas pela professora no momento de orientação da turma sobre a atividade
31		*is* (é	
32	**Share *(compartilhar***		
33		*read* (ler	
34		*sharing* (compartilhar	Roger diz a palavra *sharing* em tom jocoso.
Linha	**Teacher**	**Bill e Roger**	**Informações contextuais**
35	*did you share these* (vocês trocaram isso		A professora, que conferia o trabalho das duplas, aproxima-se de Bill e de Roger e pergunta-lhes se leram a síntese feita pelo colega.
36		*Bill e Roger: yeah* (sim	
37		Roger: *he read mine* (ele leu o meu	
38		*I read his* (eu li o dele	
39	*now*(agora)		
40	*you are talking* (vocês conversam		
41	*to come up with*(para chegar		Bill e Roger estão olhando para a professora e escutam o que ela diz.
42	*an agreement about* (a um acordo sobre		
43	*what these texts* (o que esses textos		
44	*might share in common* (têm em comum		
45		Roger*: they didn't speak up* (eles não se manifestaram)	Roger olha para a professora e se dirige a ela.
46		*they were*(estavam	
47		*all afraid* (todos com medo)	
48	*you are not talking* (você não está falando		A professora aponta na direção de Roger, depois na direção dela e, finalmente, para Roger e Bill. Depois caminha para outra mesa.
49	*to me* (para mim		
50	*to each other* (um com o outro		

de explorar o recurso criado pela professora (as notas no quadro) no processo de trabalho.

A ação de Bill e Roger de se orientarem pelas notas do quadro não só dizem sobre eles como alunos, mas também sobre as possibilidades que foram criadas quando as anotações foram deixadas no quadro. Como representação gráfica da conversa entre participantes nos eventos anteriores, essas anotações possibilitaram o estabelecimento de conexões explícitas entre o trabalho da dupla e as condições e expectativas definidas para a realização desse trabalho no plano coletivo e público da sala de aula. Dessa forma, Bill e Roger estabeleceram relações entre o texto escrito que produziam e o texto produzido pela turma momentos antes (registrado no quadro pela professora) e entre o contexto que trabalhavam e o contexto em que condições para a realização desses trabalhos foram delineadas pela professora para e com a turma (Bloome; Egan-Robertson, 1993; Floriani, 1993). Dessa forma, a ação desses alunos torna evidente de que forma a atuação individual ou de subgrupos se encontra imersa em possibilidades estabelecidas no plano coletivo da interação entre participantes.

Na seqüência interacional em que a professora conversa com Bill e Roger sobre o andamento dos trabalhos (linhas 35-50), podemos ver a atuação da professora como elemento de conexão entre o que se estabelece como referência para a turma e aquilo que é desenvolvido pelos grupos de alunos. Ao indagar se os alunos haviam compartilhado seus textos, a professora reafirma a necessidade de que tivessem cumprido a primeira etapa dos trabalhos de produção textual (ler o texto um do outro). Quando responderam que haviam feito isso, Bill e Roger demonstraram estar observando as etapas estabelecidas para a realização da tarefa (linhas 36-38) e viram seus procedimentos reconhecidos como corretos quando orientados pela professora sobre a próxima etapa a ser seguida (linhas 39-44). A ação da professora estabeleceu, então, ligação entre contextos passados e contextos futuros, decisões tomadas em espaços interacionais da turma (P-T) e decisões e ações que deviam ser exercitadas no espaço interacional de dupla de trabalhos.

Roger deu continuidade à conversa com a professora, dirigindo-se a ela e sintetizando aspectos que ele, individualmente, havia identificado como comuns aos textos *As Coisas Terríveis* e o *Discurso do Pastor Niemöller* (linhas 45-47). Como olhava para a professora, ele a posicionou como sua interlocutora preferencial naquele momento. A professora respondeu a essa ação de Roger orientando-o para o espaço de sua interação com Bill (linhas 48-50; "você não está falando/ comigo/ um com o outro"). Essa resposta dada pela professora é vista como evidência de sua interpretação e avaliação das conseqüências sociais da ação de Roger para a construção do contexto interacional em que trabalhava com o colega. Ela sinalizou a Roger (e também para Bill que era ouvinte e observador da conversa entre seu colega e a professora) que colocá-la como interlocutora privilegiada não era uma ação apropriada naquele momento.

Se a professora tivesse agido diferente, por exemplo, ouvindo e avaliando o que Roger queria dizer, ela teria criado uma situação na qual o ponto de vista de Roger seria privilegiado em detrimento do ponto de vista de Bill e, como resultado, lhes indicaria que não haveria mais necessidade de discutir seus pontos de vista como leitores dos textos, já que ela teria validado a opinião de um deles. Uma possível conseqüência, nesse caso, poderia ser o posicionamento de Bill em uma posição secundária no processo de produção textual ou, mesmo, a sua exclusão desse processo de trabalho. Qual seria a necessidade de que continuassem discutindo entre eles se a resposta correta já tivesse sido validada pela professora? Nessas circunstâncias, a professora contribuiu para a criação das condições interacionais que correspondiam às expectativas e demandas estabelecidas para toda a turma, isto é, a realização de uma discussão efetiva, na qual os dois componentes da dupla estariam envolvidos em refletir sobre o que os dois textos significavam para eles e, com base nisso, chegar a um acordo sobre o que esses textos tinham em comum. Assim, nesse caso a professora ajudou na reinclusão de Bill, momentaneamente excluído pela ação de Roger, na produção da tarefa, posicionando-o como interlocutor preferencial de seu colega na realização daquela atividade.

A ação de Bill e de Roger de olhar além da fronteira do seu próprio grupo para tomar decisões sobre as tarefas que estavam desenvolvendo posicionou-os como parte da Torre. A professora, ao reafirmar a importância de respeitar as normas, expectativas, papéis e relações definidas previamente para a produção textual confirmou o pertencimento dos alunos a esse grupo. Fica, assim, mais uma vez, evidenciado como a produção textual de Bill e de Roger esteve imersa em condições estabelecidas por meio das práticas discursivas desenvolvidas pelos participantes da Torre (professora e alunos). Evidencia-se também como esses participantes estavam propondo, reconhecendo e validando as ligações entre textos (verbais e escritos) produzidos por eles ao longo de sua interação, em diferentes espaços interacionais (turma, subgrupos). Dessa forma, os participantes da turma estabeleceram relações intertextuais e intercontextuais que tiveram conseqüências para o seu posicionamento nos diferentes papéis que ocupavam (alunos, professora, amigos, interlocutores) durante as atividades de sala de aula. Esses aspectos são importantes para entender que aprender a produzir texto em sala de aula envolve mais do que simplesmente a aprendizagem de um conteúdo. Essa aprendizagem envolve, também, compreender como o texto deve ser produzido, ou seja, como essa produção é regida pelas formas de interação no grupo, aspecto para o qual esses dois alunos, independentemente de sua classificação institucional tiveram oportunidade de experienciar, ver explicitados e demandados pela professora nessa seqüência interacional.

A definição conjunta do conteúdo do texto

Decisões sobre o que, afinal, escrever como síntese da dupla foram tópicos centrais da conversa entre Bill e Roger nas seqüências interacionais 2, 7, 14 e 16. Esses alunos exploraram sínteses individuais registradas no círculo que representava uma das metades de um diagrama de Veen (seqüência 2) como um recurso, um ponto de partida para realização da síntese que deveria ser feita em dupla. Eles discutiram seus pontos de vista sobre a mensagem comum entre esses dois textos (seqüência 7) e registraram suas decisões no papel, produzindo o texto escrito (seqüências 14 e 16).

A conversa entre Bill e Roger, após receberem a orientação da professora para que discutissem entre si aspectos comuns entre os dois textos lidos, está representada no Quadro 13 e corresponde à seqüência interacional 7.

Na primeira unidade interacional identificada (linhas 51-56), após a saída da professora, Roger olhou para Bill e repetiu-lhe o que acabara de dizer à professora: "eles estavam/os dois/com medo/ eles não se manifestaram." Ao fazer isso, Roger confirmou sua aceitação da orientação dada pela professora de que Bill era o seu interlocutor privilegiado naquela etapa do trabalho. Ao usar o pronome pessoal "eles" e enfatizar dizendo "todos", apresentou o sentimento e ações dos personagens principais dos dois textos lidos como um dos pontos comuns entre os dois textos lidos por eles. Dessa forma, Roger retomou a conversa com o colega e deu início à etapa dos trabalhos que deveriam cumprir: chegar a um acordo sobre o que havia de comum entre os dois textos. Bill demonstrou que estava seguindo a lógica proposta por seu amigo ao completar a unidade de mensagem proferida por ele (linhas 54-55). Roger, por sua vez, ao repetir o que Bill dissera para completar sua idéia (linha 56), demonstrou que tinha aceitado a alternativa proposta por Bill como válida.

QUADRO 13
– Seqüência Interacional 7 – Produção conjunta de uma síntese

Linha	Bill	Roger	Informações contextuais
51		*they were* (eles estavam	Roger retoma a conversa com Bill.
52		*both* (os dois	.
53		*afraid* (com medo	Nesse momento, os dois estão fazendo
54		*they didn't* (eles não	uma síntese oral dos dois textos.
55	**Speak up *(falaram***		
56		*speak up* (falaram	
57		*because* (porque	
58		*they were all* (estavam todos	
59		*afraid* (temerosos	Bill balança a cabeça afirmativamente.
60	*han han* (hum hum		
61		*they didn't* (eles não	
62		*speak up* (falaram	
63		*because* (porque	
64		*they were afraid* (estavam com medo	
65	*they might get captured (de serem capturados*		
66		*they might get captured* (de serem capturados	
67		*then* (então	
68		*when they come for him* (quando vieram atrás dele	
69		*there was nobody* (não havia ninguém	
70		*to help him* (para ajudá-lo)	
71		*and* (e	
72		if there was anybody (se houvesse alguém	
73		*to save him* (para salvá-lo	
74	- Bill balança a cabeça afirmativamente -	*nobody would* (ninguém o faria	
75		*because he didn't help nobody* (porque ele não ajudou ninguém	

Na segunda unidade interacional (linhas 56-60), Roger introduz outro aspecto que deveria ser considerado como elemento comum aos textos: o porquê de os personagens não terem se manifestado (linhas 57-60: "porque/eles estavam todos/ com medo"). Bill concordou com essa afirmativa do colega balançando a cabeça afirmativamente e dizendo "ah-han" (linha 61). A resposta de Roger à concordância manifestada por seu colega foi repetir o que acabara de dizer (linhas 61-64). Pode-se entender que ao reapresentar o tópico "porque" ao colega, Roger indicou que a resposta obtida do amigo ("ah-han") não havia correspondido às suas expectativas. Em resposta a essa repetição feita por Roger, Bill completou a frase do amigo apresentando uma resposta alternativa ao problema proposto por ele (linha 65). Ao completar a frase de Roger, Bill demonstrou que tinha reconhecido, entendido e validado não só o conteúdo da proposta de Roger (necessidade de apresentar a causa do medo dos personagens), mas também as implicações que ela tinha na definição de seu papel como participante na discussão: atuar como colaborador/complementador no processo de produção dessa síntese. Ao repetir a frase dita por Bill, Roger mais uma vez exercitou o seu papel de avaliador das contribuições de seu colega.

A análise dessas duas unidades interacionais possibilita concluir que, além de estarem semanticamente relacionadas, elas também apresentam o mesmo padrão interacional no qual os papéis de Roger e Bill foram, respectivamente, os de propor, avaliar e fechar o tratamento de um tópico (Roger), complementar e apresentar alternativas às questões introduzidas pelo colega (Bill). Esses papéis não foram predefinidos, mas foram ocupados à medida que esses dois alunos inferiam o significado das ações de seus interlocutores. A posição de liderança assumida por Roger nesse processo, como se estivesse monitorando a participação do amigo, pode ser vista como expressão de uma história que envolve também relações de poder entre os dois (quem assume o lugar do que sabe e guia a condução do processo de trabalho). Esse aspecto já foi evidenciado na análise da seqüência interacional apresentada no Quadro 10 e será novamente considerado adiante.

A terceira unidade interacional apresentada no Quadro 13 (linhas 66-75) foi também iniciada por Roger, que, ao demonstrar sua concordância com a sugestão de Bill (linha 66), introduziu o tópico relativo às conseqüências do fato de os personagens não terem feito nada para enfrentar o temido inimigo. No entanto, desta vez, Roger apresentou uma explicação completa para essa questão, enquanto Bill dava sinais de concordar com ele balançando sua cabeça afirmativamente.

Como resultado da conversação que estabeleceram sobre os tópicos propostos por Roger, esses dois estudantes produziram uma metanarrativa (uma vez que era um texto sobre outros textos ou uma narrativa sobre outras narrativas) constituída por duas dimensões distintas, ainda que imbricadas. Uma dessas dimensões relaciona-se ao conteúdo: definição do que era considerado um tópico a ser abordado (por exemplo, sentimentos e ações dos personagens, razões motivadoras dessas ações) e a seqüência em que esses tópicos deveriam ser abordados (por exemplo, descrição dos personagens, seguida da apresentação das razões e conseqüências de seus atos)

Outra dimensão do texto produzido por Bill e Roger refere-se aos papéis e relações que resultaram de suas ações e reações às demandas e expectativas que um apresentou ao outro nesse processo de discussão. A análise apresentada acima demonstrou que, embora Bill e Roger tenham agido colaborativamente, eles assumiram diferentes papéis nesse processo. Enquanto Roger conduziu o processo de discussão por meio da iniciação e proposição dos tópicos que deveriam ser discutidos e pela avaliação das contribuições de Bill, Bill deu suporte a essa iniciativa de Roger ao reconhecê-la e confirmá-la mediante a apresentação de possíveis respostas para as questões propostas por seu amigo. Nesse processo, Bill demonstrou que havia compreendido não só os significados

dos textos lidos, mas também os significados implicados nos tipos de proposições feitas por Roger.

Esse exemplo analítico de como Roger e Bill produziram uma concordância sobre aspectos comuns entre dois textos lidos tornou evidente que a realização de uma tarefa é dinamicamente interligada a outras dimensões interacionais. Essa análise tornou visível, por exemplo, que papéis e relações, demandas e expectativas que sustentaram a definição das posições ocupadas pelos participantes não foram predefinidas, mas, ao contrário, foram discursivamente construídas por meio das ações (verbais e não-verbais) de cada um dos participantes (alunos e professora) durante o tempo que interagiram entre si. Dessa forma, essa análise tornou visível que se posicionar ou estar posicionado como participante em uma atividade particular (ou, em outras palavras, estar incluído como participante ou com um tipo de participante) depende das ações locais de um participante em relação ao outro.

A discussão sobre ortografia como expressão de experiências escolares distintas

A questão ortográfica foi o tópico mais freqüente (unidades de seqüência 1, 3, 10 15, 17, 18, 19 e 20) no processo de produção de texto por Bill e Roger. Essa freqüência vista em contraposição ao lugar dado à questão ortográfica na Torre é intrigante. A ortografia não era um aspecto enfatizado pela professora nos momentos iniciais de produção textual, pois ela entendia que deveria ser evitado o risco de que esse aspecto impedisse os alunos de compreender o processo de produção textual como algo que envolve um grande esforço de conceituação, argumentação e apresentação de idéias. Para evitar esse problema, a professora dava oportunidade aos alunos de revisar seus textos diversas vezes e de diferentes formas (edição feita por elas, por colegas, pelo próprio autor). Enfim, a ortografia era vista como um dos componentes do processo de escrita na Torre, mas não o aspecto mais importantee central. O fato de Bill e Roger se dedicarem tão intensamente a essa questão nos momentos iniciais de sua produção, embora soubessem que teriam chance de corrigir seu texto posteriormente, sugeriu a necessidade de examinar de perto os significados dessa questão no processo de trabalho desses dois alunos.

Ao analisar as oito seqüências interacionais relativas a essa temática, notou-se que elas foram iniciadas por Bill. Esse fato confirma o peso dado por esse aluno a essa questão já no momento inicial dos trabalhos, quando Roger lia a sua síntese individual. Possivelmente, a sensibilidade de Bill com a questão da ortografia resultou de sua história de atendimento especial ao longo dos anos, no qual se privilegiava o conhecimento e a memorização da grafia das palavras. Essas experiências podem ter contribuído para que Bill ficasse mais atento e se orientasse continuamente para esse aspecto. Sua sensibilidade em relação à questão ortográfica talvez tenha contribuído para o fato de ele ter-se esquivado de ser o escriba da dupla, dizendo a Roger: "você escreve/ porque/ eu escrevo atrapalhado" (seqüência interacional 10, Quadro 11). Bill enfrentava suas dificuldades em relação a esse aspecto fazendo coisas que outros alunos também faziam com menor freqüência. Ele perguntava aos colegas ou à professora sobre a grafia de uma palavra ou pegava o dicionário para conferir a maneira correta de escrevê-la.

Embora Bill houvesse delegado a Roger o papel de escriba, ele não abriu mão do papel de autor do texto a ser produzido por eles. Ele deixou sua marca como autor, por exemplo, apresentando sugestões e seguindo de perto o que Roger estava escrevendo no papel e, é claro, conferindo a ortografia das palavras. A análise das unidades de seqüência 17-19 é apresentada na próxima seção como uma forma de contribuir para a melhor compreensão da importância social da questão da ortografia na interação entre Bill e Roger.

QUADRO 14

Seqüência interacional 17 – Discutindo sobre a ortografia da palavra *away*

Linha	Bill	Roger	Informações contextuais
175	*is that an a or an u* (isso é a ou u		Bill aponta a palavra escrita por Roger.
176	**or an o *(ou um o***		
177		*that's an o* (isso é um o	
178	**it's not like that *(não é assim***		
179	*it's an a* (é um a		Bill enfatiza a palavra *away* pronunciando-a em um tom mais alto. Depois, enfatiza ainda mais a primeira sílaba "a"
180	**away *(longe***		
181	*away* (longe		
182		*it's not away* (não é away	
183		*it's oway* (é oway	
184	*it's away* (é away		
185	*with an a* (com um a	*it's oway* (é oway	Roger enfatiza primeira sílaba da palavra "o" e continua escrevendo enquanto fala, e é questionado pelo colega.
186	*not an o* (não o		
187	*Roger* (Roger		
188	**it's an a *(é um a***		
189	-Bill ri e balança o corpo na carteira-		
190		sshhhh	
191	***- Bill continua rindo -***	- inaudível -	Roger se aproxima de Bill e fala com ele em voz mais baixa.
192		**I'm right *(eu estou certo***	
193		*you are wrong* (você está errado	
194	- Bill balança a cabeça negativamente -	**ok**	
195		**let's go**	
196	**It's an a** *(é um a)*	***- Roger finge desmanchar a palavra -***	
197		*ok*	
198		*ok*	
199	- olha para os lados -	- continua escrevendo -	Bill está se movimentando em sua carteira e pára quando vê a professora.
200	- vira-se para trás -		

A unidade de seqüência interacional 17, apresentada no Quadro 14, consiste de três unidades interacionais. A primeira delas (linhas 175-191) foi iniciada com a pergunta que Bill fez a Roger sobre a letra inicial da palavra *away* conforme escrita por ele. Ao ouvir a resposta do amigo de que havia escrito a letra *o*, Bill informou a Roger que a grafia dessa palavra não estava correta e procurou mostrar ao amigo o erro que havia cometido pronunciando a primeira sílaba da palavra enfaticamente e, em seguida, enfatizando a letra *a* ao dizer a palavra *away* pela segunda vez (linhas 180-181). Roger continuou a escrever e, sem interromper o que estava fazendo e contestou o que Bill disse: *it is not away/ it's oway* (linhas 182-183). Em reposta à indiferença de Roger, Bill insistiu mais uma vez, explicando que ao invés de começar com a letra *o*, a palavra começava com a letra *a* (linhas 184-187). Bill começou a balançar a cabeça de um lado para o outro, rindo da situação, tornou a insistir que a palavra começava com a letra *a*. Seu tom de voz era mais alto, o que fez como que Roger pedisse silêncio (linha 190). Roger se aproximou de Bill e disse-lhe alguma coisa que o fez sorrir e balançar a cabeça como se estivesse dizendo não (linha 191).

A tentativa de Roger de colocar um fim à discussão iniciada por Bill: "estou certo/você está errado/ok/vamos" (linhas 192-195) aponta as intervenções de Bill como inapropriadas: primeiro, porque, do seu ponto de vista não teria nenhuma razão no que dizia e, segundo, porque entendia que ele estava interrompendo seu trabalho de escriba, impedindo-o de continuar a tarefa. Em resposta à tentativa de Roger de colocar fim à discussão sobre a grafia da palavra *away*, Bill afirmou novamente, com voz mais alta ainda, que a palavra começava com "a" (linha 196). Reconhecendo que era incapaz de persuadir seu amigo a abrir mão dessa discussão, do seu ponto de vista desnecessária e inadequada, Roger fingiu apagar a palavra e reescrevê-la como o amigo havia sugerido (linhas 196-200).

Um dos aspectos que se torna visível na análise desse segmento é o número de vezes que cada um desses alunos usou ênfase em suas falas como um recurso de persuasão. Comparandoas colunas de transcriçãoapresentadasno Quadro 14, é possível ver que Bill usou esse recurso mais freqüentementedo que Roger. A ação de Bill enfatizar a palavra *away* ou a letra "a" nas suas diferentesintervençõesexpressa seu esforço, na tentativa de ver considerada a plausibilidade de sua afirmação por seu colega. As ações de Roger indicavam que ele não estava dando importânciaao que Bill estava dizendo e sequer considerava a possibilidade de estar correto. Roger expressou sua visão particularda situação continuando a escrever, enquanto Bill tentava se explicar (linhas 175-189), dizendo quem estava certo e quem estava errado, também pedindo seu amigo para deixá-lo livre para continuar a trabalhar (linhas 192-195), e, finalmente, não incorporando a sugestão de Bill ao texto (linhas 196-200).

De um lado, está um aluno classificado como disléxico e cuja históriade dificuldadescom ortografiaera conhecida por todos da turma, tentando persuadir o amigo a ouvi-lo sobre essa questão, e com isso, desafiando o próprio lugar institucional que ocupavam (um que sabe menos em relação ao outro). Do outro, um aluno institucionalmenteidentificado como "superdotado", desconsiderando a questão proposta pelo colega e, assim, reafirmando sua posição institucional, tentando persuadir seu amigo de que ele estava errado.

Foi diante desse impasse que Bill recorreu à professora, no que foi seguido por Roger. Ao buscar a professora como árbitro do conflito instauradoentre eles, os dois alunos confirmaram o reconhecimentode sua autoridadepara dirimirquestões dessa natureza (seqüência interacional 18, Quadro 11). A resposta dada pela professora contrariou as expectativas de Roger e deu a Bill o aval necessário para que fosse ouvido por seu amigo. A melhor compreensão da importância social da discussão sobre a grafia da palavra *away* exige o exame de como esses dois alunos trabalharam essa questão depois desse momento (ver seqüência interacional 19, Quadro 15).

QUADRO 15
Seqüências interacionais 19 e 20 – Desafiando posições sociais

Linha	Bill	Roger	Informações contextuais
212	**I tooold you *(eu lhe faleeii***	- Roger apaga a palavra e torna a escrever -	Ao ouvir a resposta da professora, Roger pega a
213	**Roger**		borracha. Bill fala como se fosse um refrão.
214	**you little asshole *(seu pequeno babaca***		O insulto é feito com a palavra sendo pronunciada
215		*I did it I did it* (eu fiz eu fiz	lentamente e quase sem som.
216		*I told you* (eu te falei	
217		*That was an a* (que era um a	
218	***who is* (quem é**		
219	*the smart here* (o inteligente		Bill engrossa voz, eleva o tronco, fala como
220	*Yooouu* (vocêê		autoridade.
221	*I am the beeeast* (eu sou o buuurro		
222	-ri, balançando o corpo na carteira-		Essa frase é pronunciada com voz "cavernosa."
223	*I told you* (eu lhe falei		
224	*I told you* (eu lhe falei		
225	*that was an a* (que era um a		
226		- Roger pega o microfone -	
227		*he doesn't know* (ele não sabe	
228	**- Bill observa Roger e dá risadas -**	*how to spell* (como escrever	
229		*car pencil* (carro lápis	
230	**- Bill tenta pegar microfone de Roger -**	*history* (história	
231	*he doesn't know* (ele não sabe		Os dois brincam por um tempo, trocando turnos ao
232	*how to spell* (como escrever		microfone, para dizer palavras que o outro não
233	*dog* (cachorro	**- Roger dá risadas e tenta tirar o microfone de Bill -**	saberia escrever corretamente.
234	*computer* (computador		

Depois de receber da professora a informação sobre a grafia correta da palavra *away*, Bill e Roger retomaram sua conversa sobre esse mesmo tópico. Bill, explorando o aval que a autoridade da professora lhe havia dado: "eu lhe faleeii", fazendo referência ao passado, como se dissesse "viu só? Você não quis acreditar em mim." Em seguida, Bill zomba do amigo dizendo, em tom de brincadeira, um insulto que foi pronunciado lentamente e em tom baixo, praticamente sem som (o suficiente para não se complicar por fazer uso de palavras de baixo calão em sala de aula). Essa forma de dizer atenuou o efeito que tal insulto poderia causar sobre o amigo e permitiu que Bill dissesse a Roger que ele estava equivocado não somente em relação à grafia, mas, principalmente, em relação à forma como agiu em toda a situação: não lhe dando o menor crédito e desconsiderando totalmente a possibilidade de que ele pudesse estar certo.

Continuando a linha de provocações entre eles, Roger, que já tinha apagado seu erro, olhou para Bill e anunciou que tinha escrito a palavra corretamente. Reagindo à intenção de Roger de se apresentarou de se defender como aquele que estava certo na situação, Bill mudou seu tom de voz, fazendo um comentário que expressou a tensão que havia permeado todo esse processo de discussão (linhas 218-222). Ao dizer "quem é/ o inteligente aqui/você/ eu sou o burro", Bill fez referência ao papel e à posição de cada um deles construídos socialmente à medida que eram avaliados, participavam da rotina escolar. Mais uma vez, Bill ao utilizar a modelação de sua voz ou dizer essas coisas com risos e com o corpo relaxado na cadeira, atenuou o possível impacto do que dizia sobre o colega. Bill, de certa forma, desenvolveu uma forma de mitigar – falar as coisas em tom de brincadeira, rir da situação – ou buscar a ajuda da professora em situações de trabalho com o seu amigo que permitissem a continuidade das atividades sem ameaçar de forma contundente a posição de seu amigo.

Ao brincar sobre a visão dicotômica que divide os alunos em "inteligentes" e "burros", Bill desafiou a ideologia prevalecente que as ações de Roger em relação a ele representavam. Por meio de suas brincadeiras, Bill sinalizou que reconhecia que as ações de seu amigo eram discriminativas. Ele demonstrou também estar consciente de que a interação entre eles estava permeada por visões cristalizadas a respeito do tipo de aluno que eram e que isso tinha implicações na definição das demandas que lhe eram impostas. Por exemplo, para ser ouvido, foi necessário que usasse diversos recursos lingüísticos e discursivos: aumentar o tom de sua voz, mitigar ao dizer a verdade, pedir ajuda à professora. Nessa perspectiva, demonstrei como Bill buscou ativamente intervir na construção de sua posição como co-autor do texto solicitado pela professora e explorou as oportunidades de aprendizagem encontradas na Torre para redefinir o seu papel de alunos com "dificuldades de aprendizagem."

A análise apresentada neste capítulo exemplifica a natureza tridimensional dos eventos discursivos (Fairclough, 1992) ao demonstrar como diferentes dimensões constituíram o processo interacional entre Bill e Roger ao produzirem um texto escrito em sala de aula. Demonstrou-se como essa produção estava interligada a práticas sociais particulares (por exemplo, classificação de alunos, atendimento a alunos com dificuldades de aprendizagem), envolveu uma produção lingüística (oral e escrita) e constituiu um espaço de prática social (por exemplo, espaço de discussão sobre leituras em sala de aula).

A exploração do potencial expressivo (Strike, 1984, 1989) dos critérios e procedimentos analíticos propostos por Bloome e Egan-Robertson (1993) para estudar a construção social da intertextualidade sustentou a demonstração de como as ações (verbais e não-verbais) dos participantes têm conseqüências na definição do que conta como conhecimento, de quem tem o conhecimento reconhecido e do que é considerado ser um tipo ou outro de estudante. Essas definições e redefinições se tornam possíveis à medida que os participantes de uma turma exploram, organizam e constroem discursivamente as condições, recursos e limites da instituição social da qual participam.

A análise apresentada neste capítulo contribui para se entender que a construção da inclusão é processo que resulta não só das possibilidades recriadas no espaço coletivo da sala de aula (por exemplo, a decisão da professora de ter grupos de mesa compostos por alunos com diferentes habilidades; a proposição de processos de trabalhos que possibilitam o confronto de pontos de vistas; a apresentação de demandas equivalentes para os diferentes tipos de estudantes), mas também das ações de cada aluno em resposta a essas possibilidades criadas no espaço da sala de aula. Foi possível ver, por exemplo, como um estudante, em particular (Bill) buscou redefinir sua posição como aluno na sala de aula da Torre.

Foi possível demonstrar também com esse caso expressivo como os participantes agiram e reagiram às ações dos outros, produzindo um texto vivo que foi continuamente interpretado por eles no processo de interação em sala de aula. Evidenciou-se, ainda, como as demandas e as expectativas, os papéis, as classificações institucionais deram forma não só à tarefa escolar conforme produzida por Bill e Roger, mas à própria maneira como se posicionavam e eram posicionados como amigos, alunos e aprendizes. No futuro, estudos a partir dessa perspectiva podem contribuir para melhor compreensão a respeito dos tipos de ações necessárias para a construção de um ambiente de sala de aula inclusiva e também da dinâmica da construção social das identidades dos alunos.

Capítulo 6

DISCUSSÃO E OBSERVAÇÕES FINAIS

Introdução

A síntese e a discussão apresentadas neste capítulo colocam em primeiro plano a contribuição deste estudo para a compreensão da natureza socialmente construída dos processos de aprendizagem e do valor de se adotarem ângulos analíticos múltiplos no estudo das particularidades da vida de uma turma escolar. Discuto, especificamente, como oportunidades de aprendizagem foram (re)definidas localmente pelos participantes da turma da Torre por meio de suas ações, à medida que interagiam ao longo do tempo, dando forma ao que foi considerado um ambiente de aprendizagem inclusivo.

Este capítulo está organizado em três seções. Na primeira, apresento uma visão geral do trabalho, discutindo brevemente o que foi estudado, por que e como. Na segunda seção, retomo a noção da "sala de aula como texto" que foi explorada ao se abordarem aspectos da interação entre professora e alunos nos capítulos de análise. Na terceira seção, discuto os processos de estruturação da vida na sala de aula e processos de inclusão e considero algumas implicações para futuras pesquisas.

Visão geral do estudo: O quê, por quê e como

A partir de trabalhos que investigaram o papel do discurso em mediar os processos de construção de significado na sala de aula (por exemplo, Green, 1983; Hicks, 1995; Gee; Green 1998; Green; Dixon, 1993; SBCDG, 1992), adotei, nesse estudo, uma visão de aprendizagem como um fenômeno socialmente construído. A interação face a face entre participantes foi privilegiada como instância analítica para estudar e entender a natureza complementar da relação entre o indivíduo e o coletivo (Giddens, 1979; Lima, 1995), e a natureza social e histórica dos processos de aprendizagem.

Nessa perspectiva, dois objetivos inter-relacionados e complementares se delinearam: examinar os processos discursivos por meio dos quais as oportunidades de aprendizagem são (re)construídas e se tornam potencialmente disponíveis aos participantes de uma comunidade de sala de aula e considerar as conseqüências epistemológicas de se adotarem diferentes ângulos analíticos no exame dos processos discursivos estabelecidos entre participantes de uma sala de aula. Para atingir esses objetivos, conduzi um estudo etnograficamente orientado a respeito da interação entre os participantes de uma turma bilíngüe de quinta série e adotei uma abordagem responsiva e interativa para coletar e analisar dados como observadora participante nesse espaço social. No processo de coleta de dados e análise, alunos institucionalmente identificados com "dificuldades de aprendizagem" foram usados como unidade pivô para que se pudesse contrastar e examinar a relação entre o plano individual e o coletivo da interação entre os participantes e o efeito das práticas instrucionais na sala de aula que levam à inclusão.

Como expliquei no capítulo 2, adotei neste estudo a abordagem Etnográfica Interacional, fundamentada nos trabalhos da antropologia cognitiva, na sociolingüística e na análise crítica do discurso. A escolha dessa abordagem etnográfica interacional contribuiu para uma visão da sala de aula como uma cultura e como um texto e ofereceu construções teóricas e metodológicas (por exemplo, espaços interacionais, intertextualidade e intercontextualidade, eventos, etc.) e perguntas (quem pode fazer e dizer o que, com quem, quando e onde, etc.) que orientaram o estudo. Funcionando como um sistema de idéias, esses aspectos foram explorados como ferramentas analíticas e teóricas para identificar os padrões e os princípios da interação, os papéis e as relações, os direitos e as obrigações, as demandas e as expectativas estabelecidas pelos participantes no seu dia-a-dia. Esses aspectos são vistos como constitutivos de uma visão contextualizada da aprendizagem, conforme definida do ponto de vista dos participantes, uma vez que orientam a participação de alunos e professora no grupo e dão forma às oportunidades de aprendizagem (Tuyay; Jennings; Dixon, 1995).

Neste estudo foram explorados diferentes ângulos analíticos no processo de investigação da interação face a face entre participantes e suas implicações para a construção de oportunidades de aprendizagem na sala de aula estudada. A exploração desses ângulos analíticos contribuiu para a melhor compreensão de como as oportunidades de aprendizagem foram estruturadas localmente pelos participantes e, simultaneamente, serviram de base para refletir sobre as possibilidades epistemológicas criadas mediante o uso de ângulos múltiplos de análise.

As análises apresentadas disponibilizaram uma forma de "ler" o texto da sala de aula do ponto de vista dos membros do grupo estudado (Spradley, 1980), tornando visíveis múltiplas dimensões (Bloome; Theodorou, 1988; Fairclough, 1992) da experiência vivida por seus membros. Entende-se que o esse texto da sala de aula resultou da interação entre participantes à medida que organizavam e produziam a vida diária na sala de aula. A análise também tornou visível como os participantes contribuíam individualmente para a produção desse texto interacional e como o exploravam como recurso para a ação no processo de realizar as tarefas acadêmicas. Além disso, a análise evidenciou as diferentes formas por meio das quais os participantes criavam possibilidades de inclusão para si mesmos e para os outros, como membros de uma *comunidade de aprendizes* (expressão usada pelos participantes do grupo estudado).

Nas próximas seções deste capítulo apresento uma discussão do que foi possível ver e entender como constitutivo do texto da sala de aula da Torre e, conseqüentemente, como informativo sobre a construção de oportunidades de aprendizagem e inclusão nesse espaço social.

"Sala de aula como texto": o uso de uma metáfora

Ao longo das análises apresentadas neste estudo, utilizei a conceituação de sala de aula como texto com base na proposição feita por Bloome e Egan-Robertson (1993) de que as pessoas *textualizam* suas experiências de vida e o mundo em que vivem, transformando esses fenômenos em parte de um sistema de lingüístico (definido amplamente). Segundo esses autores, o resultado desse processo de textualização pode ser um conjunto de palavras, sinais, representações e, ainda, outras formas e produtos que não são geralmente associados a texto: arquitetura, formações de rocha, estrelas no céu, o vento, o oceano – tudo isso pode ser texto, mas para se constituírem como tal, depende do que as pessoas fazem com eles. As estrelas no céu, por exemplo, só serão texto se forem transformadas nisso, se forem *textualizadas*

Nessa perspectiva, acontecimentos na sala de aula podem ser vistos como um texto que está potencialmente disponível para ser interpretado e lido pelos participantes e usados para orientar sua participação e significar o que está acontecendo (Erickson, 1986) ou para compreender do que trata o contexto da sala de aula (Erickson; Shultz, 1981, 1997). Por exemplo, ao entrar na sala de aula, um aluno pode interpretar o que seus colegas estão fazendo assentados em suas mesas ou no sofá lendo um livro como um sinal ou indicação de que o grupo estava envolvido em uma de suas atividades diárias: a hora da leitura. Nesse sentido, sua experiência e o que vê acontecer em um momento particular são textualizados no processo de dar significado ao que está acontecendo na sala de aula e de entender o que se espera que ele faça naquele momento.

No capítulo 4, o texto da sala de aula da Torre foi analiticamente "lido" explorando as construções teóricas e metodológicas (por exemplo, evento, espaço interacional, etc.) disponibilizadas por trabalhos anteriores sobre a interação na sala de aula a partir de uma perspectiva contextualizada (ver BLOOME, 1987; BLOOME; BAILEY, 1992; BLOOME; EGAN-ROBERTSON, 1993; CAZDEN; JOHN; HYMES, 1972; ERICKSON, 1986; GREEN, 1983; KANTOR; GREEN; BRADLEY; LIN, 1992; MEHAN, 1979; SBCDG, 1992a, 1992b). A sala de aula da Torre foi examinada identificando os eventos interacionais construídos pelos participantes à medida que interagiam ao longo do tempo no primeiro dia de aula. Essa abordagem foi adotada como uma forma de ver o que havia sido disponibilizado aos participantes e construído por eles como experiência continuada da vida na sala de aula e que, conseqüentemente, constituía material potencial a ser "textualizado" pelos participantes.

Como essa análise evidenciou, as ações dos diferentes participantes (professora e alunos) foram constitutivas de um texto de sala de aula, escrito coletivamente pelo grupo. Elementos do texto de sala de aula que resultaram dessas ações foram: temas culturais (por exemplo, comunidade, tradição, papéis de alunos), padrões de espaços interacionais (por exemplo, professora-turma, grupos de trabalho), sinais (por exemplo, a marimba) e as significações locais dadas a ações ordinárias (por exemplo, ouvir).

A análise do primeiro dia de aula também tornou visível que a construção desses elementos textuais estava entrelaçada com a ação coordenada entre os participantes e dependia dela. À medida que esses elementos foram colocados em perspectiva, eles contribuíram para uma compreensão contextualizada dos tipos de possibilidades para ser um aluno nessa sala de aula particular e, conseqüentemente, possibilidades para participar de formas particulares (por exemplo, ouvindo atentamente, sendo matemático, arriscando a expor suas idéias) no próprio processo de construção de oportunidades de aprendizagem para si e para os outros. Assim, essa análise disponibilizou formas por meio das quais se pode entender que o "que" e o "como" alguém aprende é delineado pelas possibilidades culturais reconstruídas coletivamente pelos membros de um grupo particular, em dado lugar e em determinado tempo.

Além disso, a análise do primeiro dia de aula evidenciou que as possibilidades de aprendizagem identificadas no nível coletivo da sala de aula constituem uma função das escolhas discursivas feitas pelos participantes. Por exemplo, o fato de a professora decidir propor aos alunos certos tipos de atividade ou de abordar certos tópicos discursivos iniciou, de forma particular, o que seria discursivamente produzido na sala de aula. Nessa perspectiva, pode-se dizer que as escolhas discursivas feitas pelos participantes são constitutivas do texto da sala de aula que se torna disponível para ser lido pelos participantes (alunos, professora, outros) e, conseqüentemente, para ser explorado como recurso para fundamentar futuras decisões a respeito de como agir adequadamente como membro do grupo. Esse aspecto diz respeito ao fato de que eventos ocorridos previamente participaram como elementos da história de grupo que subsidiaram a interpretação dos participantes de suas experiências e do que estava ocorrendo em sala de aula.

Uma forma pela qual a continuidade da experiência se tornou visível foi pela identificação, por exemplo, de que certos temas culturais (comunidade, conceitos relativos a práticas de pesquisa) apresentados pela professora no primeiro dia de aula foram ampliados e explorados no segundo dia de aula, e assim sucessivamente. A compreensão de que a construção do(s) texto(s) de sala de aula continua ao longo de dias de aula indica a necessidade de observar práticas discursivas em sala de aula para entender a cultura local ou os princípios culturais que guiam a participação durante eventos ou contextos particulares. Esse aspecto também indica que a análise ao longo do tempo é necessária quando se deseja entender como um contexto observado é delineado por contextos anteriores, já que a textualização/interpretação das ações e práticas culturais (por exemplo, aprendizagem, leitura, registros de aprendizagem, cartas, etc.) estão fundamentadas na experiência e na história dos participantes de um grupo particular. A metáfora da sala de aula como texto e o contínuo processo de construção desse texto pelos participantes ao longo do tempo também foi ilustrada ao se fazerem visíveis os padrões interacionais (por exemplo, a estrutura organizacional da interação de sala de aula ou os espaços interacionais) e o desenvolvimento das práticas de sala de aula (por exemplo, usar o texto escrito como uma instância para refletir sobre o eu histórico, sobre os processos de estudo ou sobre a sala de aula como texto).

A análise das atividades desenvolvidas pelos participantes no primeiro dia de aula evidenciou vários aspectos que delineariam a construção de oportunidades de aprendizagem na sala de aula. Esses aspectos se referiam às diferentes dimensões discursivas ilustradas no capítulo 4. Por exemplo, variação em espaços interacionais, normas e expectativas para desenvolver uma atividade particular de sala de aula, papéis, relações e posições que deviam ser assumidas pelos participantes à medida que interagiam ao longo do tempo. A identificação das dimensões múltiplas do texto de sala de aula da Torre às quais os participantes precisavam estar atentos para participar apropriadamente nos diferentes eventos da sala de aula indica a necessidade de estudar as formas pelas quais professores e os alunos podem ser preparados para reconhecer, validar e avaliar a importância social desses aspectos na produção de oportunidadesde aprendizagem na sala de aula. A análise apresentada no capítulo 4 ilustraque a professoradesenvolveu formas de conversar que envolveram os alunos na reflexão sobre o significado das ações ordinariamentedesenvolvidas por eles (por exemplo, ouvir, falar duas línguas, um ajudar o outro). Outros estudos podem contribuir para melhor compreensão de como essa prática reflexiva pode ajudar os alunos a interpretare a explorar esses aspectos interacionais ao participarem da estruturação de oportunidadesde aprendizagem para si mesmo e para os outros na sala de aula.

No capítulo 5, a noção de sala de aula como texto continuou a ser explorada, ao se invstigar como dois alunos textualizaram as ações um do outro no momentoem que trabalhavam juntos. Essa análise demonstrou como esses dois alunos, no espaço interacional aparentemente isolado no qual trabalhavam, exploraram dimensões do texto coletivo da sala de aula para realizar a tarefa acadêmica proposta pela professora. Essa análise também tornou visível como os discursos de outros contextos (contexto anterior da sala de aula ou discurso institucional classificatório) influenciaram a interação local entre esses dois alunos, delineando a própria construção de oportunidades de aprendizagem no espaço interacional estabelecido entre a dupla de alunos. Dessa forma, pode-se dizer que o texto interacional produzido por esses dois alunos foi delineado por outros textos e contextos experienciados antes, separada ou conjuntamente, por eles. A influência subliminal desses textos e contextos se tornou visível pela ação do Bill de brincar sobre as formas pelas quais ele e Roger eram vistos pelos outros (como inteligente ou burro). Como resultado, mesmo quando ele estava certo sobre a questão da grafia, ele não podia ser visto como capaz de saber a grafia correta e precisava renegociar sua posição com seu amigo.

A análise apresentada no Capítulo 5 também tornou visível que esses dois alunos se orientavam para o texto coletivo de sala de aula (representado pelo texto no quadro), para que pudessem decidir que direção tomar na produção do seu trabalho. A professora também agiu no sentido de orientar os alunos para decisões discutidas antes com a turma. Duas de suas ações podem ser vistas como evidência disso: perguntar em que ponto da produção da atividade os Bill e Roger se encontravam e interpretar as ações desses alunos enquanto lhe apresentavam uma resposta (por exemplo, de que falavam e para quem falavam). Esse aspecto mostra que, novamente, a professora estava tecendo as dimensões textuais da interação de sala de aula para manter o processo de trabalho dos alunos em consonância com o que se esperava de toda turma. Esse aspecto pode também ser visto como evidência de que, como participante, ela também estava textualizando as ações dos alunos para tomar decisões, como professora, a respeito de como deveria intervir no que os alunos ou grupos de alunos estavam fazendo.

Em resumo, o conjunto de análises apresentadas neste estudo contribuiu para uma visão da natureza contextualizada da aprendizagem por meio da compreensão do texto de sala de aula como uma construção coletiva do grupo. A exploração dos múltiplos ângulos de análise contribuiu para que se visse a sala de aula não como um texto "monolítico", mas como um texto composto por múltiplas vozes, perspectivas e dimensões discursivas. Foi demonstrado que essa produção textual e discursiva se tornou um recurso referencial para a participação e o envolvimento dos alunos nas atividades de sala de aula. Vê-se a produção discursiva como uma contínua negociação de demandas e expectativas, papéis e relações, direitos e obrigações para se participar do grupo e desenvolver as atividades de sala de aula. É, então, nessa produção coletiva que acontece no espaço público da sala de aula que os membros constroem sua compreensão, como grupo e como participantes individuais, do que se considera como oportunidades de aprendizagem, como construí-las e o que será, no final, considerado como evidência de aprendizagem.

Processos de estruturação da vida na sala de aula e práticas discursivas

A análise dos processos de construção do texto da sala de aula da Torre possibilitou uma forma de ver como a organização e a estruturação (GIDDENS, 1979) da vida na sala de aula foi continuamente negociada e produzida à medida que os participantes interagiam ao longo do tempo. Como demonstrado nos capítulos anteriores, os participantes, mediante as ações que realizavam (verbais ou não), contribuíam para delinear as condições, os recursos, os significados culturais, os papéis e os relacionamentos, as normas e as expectativas, os direitos e as obrigações para a participação que delinearia a própria construção de oportunidades de aprendizagem na sala de aula.

A análise apresentada no capítulo anterior também ilustrou as formas como a dimensão individual e a coletiva da vida social estavam entrelaçadas e influenciavam uma a outra. As escolhas discursivas dos participantes eram, por exemplo, delineadas pelas possibilidades criadas no nível coletivo da sala de aula e também delineavam a contínua construção dessas possibilidades. Assim, dessa perspectiva, essa análise possibilitou uma forma de ver como o texto de sala de aula (ou as ações e interações entre os participantes) estava dando forma e eram modeladas por processos históricos e locais (FAIRCLOUGH, 1992; GREEN; DIXON, 1993).

Esse estudo evidenciou que o texto coletivo construído pelos participantes da Torre era constituído por múltiplos aspectos (por exemplo, lingüístico, temático, organizacional, etc.) aos quais os participantes precisavam estar atentos para que pudessem participar adequadamente do desenvolvimento das atividades nesse grupo particular. Analisei instâncias em que os participantes da Torre (professora e alunos) estavam tentando tornar visíveis e disponíveis – ou tentando entender – essas diferentes dimensões do texto interacional da sala de aula e a integração do indivíduo e dos outros como membros do grupo.

A análise de casos expressivos como forma de ver como os alunos "com dificuldade de aprendizagem" estavam integrados na sala de aula tornou visível a natureza variada das ações que a professora realizou como forma de construirum ambiente de sala de aula inclusivo. Essas análises também demonstraramos diferentesmeios pelos quais os alunos "com dificuldade de aprendizagem" se envolviam ativamente na construção de sua própria inclusão como membros dessa comunidade de amigos e aprendizes. É necessário que se façam estudos futuros de outros casos para informar nossa compreensão de como a inclusão é discursivamente construída em diferentes espaços sociais.

Podem ser tirados deste estudo três implicações para futuras pesquisas. Duas são teóricas e uma é metodológica. As implicações teóricas estão fundamentadas nas conclusões sobre a importância de examinar as experiências vividas por alunos nas salas de aula e as contribuições dos alunos para a estruturação e a construção dos textos da sala de aula. Como foi apresentado no capítulo 1, Giddens (1979) argumenta que como o processo de estruturação é resultante das ações dos participantes de um grupo social, haveria a possibilidade de que a estrutura produzida poderia ter sido diferente dado um conjunto diferenciado de ações. Este estudo mostrou como os textos de sala de aula eram modelados pelas ações de seus membros, que eram, por sua vez, modeladas pelo texto que estava sendo desenvolvido por eles. Além disso, mostrou que, no nível coletivo, as contribuições individuais dos alunos – não só as contribuições da professora – afetaram a natureza e a direção desse texto interacional. Essas contribuições eram, então, assumidas pela professora e por outros alunos e levavam a uma (re)estruturação do(s) evento(s) da sala de aula. A análise do nível coletivo da construção do texto da sala de aula foi importante para tornar visível que conhecimento foi disponibilizado e ele foi construído socialmente. A existência de um texto da turma resultante desse processo de estruturação sugere que estudos futuros precisam considerar tanto o processo de estruturação como o contexto dessa estruturação.

A análise do ponto de vista de um aluno evidenciou a diferença entre a participação no nível coletivo e no público, e as ações realizadas pelo indivíduo-no-coletivo para aprender e isso traz implicações para o estudo da aprendizagem em outros espaços sociais. A análise da interação entre os dois alunos durante seu trabalho de produção escrita demonstrou como "leram" o texto coletivo da sala de aula e realizaram ações coerentes com essa leitura. Como os alunos aprendem nas salas de aula envolve tanto ação coletiva como individual. Uma não pode estar separada da outra. Assim, futuras pesquisas sobre aprendizagem precisam considerar o fato de que aprendizagem, assim como o significado dela, só ocorre em um contexto (ver Mishler, 1979). Além disso, a aprendizagem não é resultado de mera transmissão ou reprodução, mas de um processo dinâmico e dialético de interações com textos, mesmo quando os participantes estão envolvidos na própria produção desses textos. A visão de ensino e aprendizagem como processos dialéticos significa que futuras pesquisas precisam explorar tanto o coletivo quanto o individual-no-coletivo para que se entenda o que é considerado como aprendizagem em determinado contexto.

Este trabalho também explorou a questão da inclusão dos alunos "com dificuldade de aprendizagem" na sala de aula. A análise das ações da professora e dos alunos mostrou que esses alunos tinham potencialmente as mesmas oportunidades de aprendizagem que os demais alunos. Mostrou, também, que os próprios alunos, mediante ações e interpretações de texto coletivamente produzido pelos participantes, criaram suas próprias oportunidades para se incluir, ou não. Embora a análise apresentada aqui tenha tido como foco os alunos "com dificuldade de aprendizagem", a análise do capítulo 5 sugere que a questão da inclusão e das ações inclusivas aplica-se a todos os alunos. Uma pesquisa futura precisa examinar como diferentes alunos participam da sala de aula, que ações realizam na leitura, interpretação e exploração dos recursos disponíveis em sala de aula e as conseqüências decorrentes dessas ações para a configuração daquilo que têm oportunidade de aprender nesse espaço.

A implicação final deste trabalho é metodológica. Sem os diferentes ângulos analíticos explorados neste estudo sobre a construção do conhecimento, da inclusão e da estruturação da vida na sala de aula, as diferentes contribuições dos atores não se tornariam visíveis. A justaposição das ações da professora com as do grupo e dos indivíduos-no-grupo tornou visível a natureza complexa e dinâmica do aprender e do ensinar na sala de aula. O ensino não é uma atividade unidimensional, na qual professores transmitem conhecimento cultural a alunos passivos que, então, recebem esses conhecimentos. O conhecimento cultural é sempre um processo dinâmico e construído. Como Gaskins, Miller e Corsaro (1992) argumentam, o modelo de socialização às normas e expectativas culturais é um modelo de reprodução humana, não um modelo de reprodução de fábrica. Dessa forma, os professores *propõem* uma atividade, um conhecimento e uma ação, e os alunos, por meio de suas escolhas, conscientes ou não, respondem à proposta apresentada pelos professores. Por meio dessas interações, o professor e os alunos constroem, conjunta e coletivamente, o que é considerado como saber, como aprendizagem, como ação apropriada por parte dos membros da comunidade de sala de aula. Nessa perspectiva, um trabalho futuro precisa examinar questões relativas às escolhas dos atores para que se possa entender que fatores contribuem e/ou limitam a aprendizagem por parte dos alunos. Para fazer isso, será necessária uma análise sistemática partindo de diferentes ângulos de visão para explorar como, ao longo do tempo, o professor, o grupo, e indivíduos no grupo desenvolvem novo conhecimento, processos e práticas sociais.

Referências

ADAM, B. *Time and social theory*. Philadelphia, PA: Temple University Press, 1990.

AGAR, M. *Language shock*: understandingthe culture of conversation New York: William Morrow and Company, Inc, 1994.

BAKHTIN, M. M. *Speech genres and otherlate essays*. Aust. *In*: University of Texas Press, 1986.

BIRDWHISTELL, R. Some discussion of ethnography, theory, and method. *In*: BROCKMAN, John. (Ed.) *About Bateson*: essays on Gregorian Bateson. New York: E.P. Dutton, 1977. p. 103-144.

BLOOME, D. *Literacy and schooling*. Norwood, NJ: Ablex, 1987.

BLOOME, D. *The structuringof pedagogic discourse*. London: Routledge, 1988.

BLOOME, D. Beyond access: an ethnographic study of reading and writing in a seventh grade classroom. *In*: D. Bloome. (Ed.). *Classrooms and literacy*. Norwood, NJ: Ablex, 1989. p. 53-106.

BLOOME, D. A special issue on intertextuality. *Linguistics and Education*, 4, p. 255-256, 1992.

BLOOME, D.; BAILEY, F. Studying language through events, particularity, and intertextuality. *In*: BEACH, R. J. GREEN, M. Kamil; SHANAHAN, T. (Ed.) *Multiple disciplinary perspectives on literacy research*. Urbana, IL: NCRE; NCTE, 1992. p. 181-210.

BLOOME, D.; EGAN-ROBERTSON, A. The social constructionof intertextuality in classroom reading and writing lessons. *Reading Research Quarterly*, 28 (4), p. 304-334, 1993.

BLOOME, D.; GREEN, J. L. Educationalcontexts of literacy. *In*: GRABE, W. (Ed.). *Annual Review of Applied Linguistics* New York: Cambridge University Press, p. 49-70, 1992.

BLOOME, D.; THEODOROU, E. Analyzing teacher-student and student-student discourse. *In*: GREEN, J.; HARKER, J. (Ed.), *Multiple perspective analyses of classroom discourse*. Norwood, NJ: Ablex, 1988. p. 217-248.

BLUMENFELD, P. *et al.* Translating motivation into thoughtfulness. *In*: MARSHALL, H. H. (Ed.). *Redefining student learning*. Norwood, NJ: Ablex, 1992, p. 207-240.

BRILLIANT-MILLS, H. Becoming a mathematician: building a situated definition of mathematics. *Linguistics and Education*, 5 (3;4), p. 301-334, 1993.

BRUNER, J. S. *Actual minds, possible worlds*. Cambridge, MA: Harvard University Press, 1986.

CAHIR, S.; COVAC, C. *Transitions* activity between activities. Washington DC: The Center for Applied Linguistics, 1981.

CASTANHEIRA, M. L. Entrada na escola saída de escrita. 1991. 313 f. Dissertação (Mestrado em Educação) – Faculdade de Educação, Universidade Federal de Minas Gerais, Belo Horizonte, 1991.

CASTANHEIRA, M. L. Da escrita no cotidiano à escrita escolar. *Leitura* teoria e prática. Campinas, 1992. p. 35- 42.

CASTANHEIRA, M. L. *Situating learning within collective possibilities: examining the discursive construction of opportunities for learning in the classroom*. 2000. 493f. Tese (Doutorado em Educação) – Givertz Graduate School of Education, University of California, Santa Barbara, 2000.

CASTANHEIRA, M. L., CRAWFORD, T., DIXON, C.; GREEN, J. Interactional ethnography: an approach to studying the social construction of literate practices. *Linguistics and Education*, 11(4), p. 353-400, 2001.

CAZDEN, C., JOHN, V.; HYMES, D. (Ed.) *Functions of language in the classroom*. New York, NY: Teachers College Press, 1972.

COLLINS, E; GREEN, J. Metaphors: the construction of perspective. *Theory into Practice*, 29(2), p. 71-77, 1990.

COLLINS, E.; GREEN, J. L. Learning in classroom settings: making or breaking a culture. *In*: MARSHALL, H. (Ed.). *Redefining student learning* roots of educational restructuring. Norwood, NJ: Ablex, 1992. p. 59-85.

COOK-GUMPERZ, J.; GUMPERZ, J. Changing views of language in education: the implications for literacy research. *In*: BEACH, R. J.; GREEN, M. L. Kamil; SHANAHAN, T. (Ed.). *Multidisciplinary perspectives on literacy research*. Urbana, IL: National Conference on Research in English, 1992. p. 151-180.

CORSARO, W.A. Entering the child's world: research strategies for field entry and data collection in a preschool setting. *In*: GREEN, J.; WALLAT, C. (Ed.), *Ethnography and language in educational settings*. Norwood, NJ: Ablex, 1981.

CORSARO, W.; MILLER, P. (Ed.). Interpretive approaches to children's socialization. *New Directions for Child Development*, 58. San Francisco: Jossey-Bass, 1992.

COSTA, Dóris Anita Freire. *Fracasso escolar*: diferença ou deficiência. Porto Alegre: Quarup, 1993.

CRAWFORD, T. *Scientist in the making*: an ethnographic investigation of scientific processes as literate practices in an elementary classroom. 1999, Tese (Doutorado em Educação) – Givertz Graduate School of Education, University of California, Santa Barbara, 1999.

CUSHMAN, P. Ideology obscured: political uses of the self in Daniel Stern's infant. *American Psychologist*, 46 (3), p. 206-219, 1991.

DANTAS, M.L. *Negotiating opportunities for literacy teaching and learning across contexts and over time in a first grade classroom*. 1999. Tese (Doutorado em Educação) – Ohio State University, Ohio, 1999.

DAVIES, B. *Shards of glass*: children reading and writing beyond gendered identities. Cresskill, NJ: Hampton Press, 1993.

DUNKIN, M.; BIDDLE, B. *The study of teaching*. New York: Holt, Rinehart, and Winston, Inc., 1974.

EDWARDS, D.; MERCER, N. *Common knowledge*: the development of understanding in the classroom. New York, NY: Falmer Press, 1987.

ERICKSON, F. Some approaches to inquiry in school/community ethnography. *Anthropology and Education Quarterly*, 8(3), 1977, p. 58-69.

ERICKSON, F. *On standards of descriptive validity in studies of classroom activity* (Occasional Paper #16). East Lansing, MI: Institute for Research on Teaching, 1979.

ERICKSON, F. Qualitative research. *In*: WITTROCK, M. (Ed.). *The handbook of research on teaching*. 3nd. ed. New York: Macmillan, 1986, p. 119-161.

ERICKSON, F.; SHULTZ, J. When is a context? Some issues and methods in the analysis of social competence. *In*: J. L. Green; C. Wallat (Ed.). *Ethnography and language in educational settings*. Norwood, NJ: Ablex, 1981, p. 147-150.

ESTEBAN, M. T. Repensando o fracasso escolar. *Cadernos CEDES*, São Paulo: Papirus, n. 28, 1992.

FAIRCLOUGH, N. *Critical language awareness*. New York: Longman, 1992.

FAIRCLOUGH, N. Discourse and text: linguistic and intertextual analysis within discourse analysis. *Discourse and society*, 3(2), p. 193-218. 1993.

FERNIE, D., DAVIES, B., KANTOR, R.; MCMURRAY, P. Becoming a person in the preschool: creating integrated gender, school culture, and peer culture positioning. *Qualitative Studies in Education*, 6, p. 95-110, 1993.

FLORIANI, A. Negotiating what counts: roles and relationships, content and meaning, texts and context. *Linguistics and Education*, 5 (3;4), p. 241-274, 1993.

FLORIANI, A. *Creating a community of learners*: constructing opportunities for learning and negotiating meaning in a bilingual classroom. 1997. Tese (Doutorado em Educação) – Gevirtz Graduate School of Education, University of California, Santa Barbara, 1997.

FOX, R. Experiments and innovations. *In*: FOX, R. *Gandhian utopia*: experiments with culture. Boston: Beacon Press, 1989.

FRAKE, C. The ethnographic study of cognitive systems. *In*: GLADWIN, T.; STURTEVANT, W.C. (Ed.), *Anthropology and human behavior*. Washington: Anthropological Society of Washington, 1962. p. 72-85.

FRAKE, C. Plying frames can be dangerous: some reflections on methodology in cognitive anthropology. *Quarterly Newsletter of the Institute for Comparative Human Development*, New York: Rockefeller University, n. 3, p. 1-7, 1977.

FRANK, C. R. *The children who owned all the words in the world*: an ethnography of writing workshop in second grade. 1997. Tese (Doutorado em Educação) – Gevirtz Graduate School of Education, University of California, Santa Barbara, 1997.

FRANQUIZ, M. E. *Transformations in bilingual classrooms*: understanding opportunity to learn within the change process. 1995 (Doutorado em Educação) – Gevirtz Graduate School of Education, University of California, Santa Barbara, 1995.

FREIRE, P. *Pedagogia do oprimido*. Rio de Janeiro: Paz e Terra, 1975.

GAGE, N. L. (Ed.). *Handbook of research on teaching*. Chicago: Rand McNally, 1963.

GAGE, N. L. The yield of research on teaching. *Phi Delta Kappan*, v. 60, n. 3, p. 229-35, 1978.

GALLIMORE, R.; AU, K. Hu-Pei. The competence/incompetence paradox in the education of minority culture children. *The Quarterly Newsletter of the Laboratory of Comparative Human Cognition*, 1 (3), p.32-37, 1979.

GASKINS, S., MILLER, P. J.; CORSARO, W. A. (Ed.). *Theoretical and methodological perspectives in the interpretive study of children*. San Francisco: Jossey-Bass, 1992. v. 58.

GEE, J. *Social linguistics and literacies*: Ideology in discourse. London: Falmer Press, 1990.

GEE, J.; Green, J. Discourse Analysis, learning, and social practice: a methodological study. *Review of Research in Education*, 1998.

GEERTZ, C. *The interpretation of cultures*: selected essays. New York: Basic Books, 1973.

GEERTZ, C. *Local knowledge*: further essays in interpretive anthropology. New York: Basic Books, 1983.

GENNEP, A. *Os ritos de passagem*. Petrópolis: Vozes, 1977, p.181.

GIDDENS, A. *Central problems in social theory*: action, structure and contradiction in social analysis. Berkeley: University of California Press, 1979.

GIDDENS, A. *The constitutionof society.* Cambridge: Polity, 1984.

GOMES, M. F. C. e SENA, M. G. C. *Dificuldades de aprendizagem.* Belo Horizonte: Autêntica, 2000.

GOODENOUGH, W. *Culture, language, and society.* Menlo Park CA: Cummings, 1981.

GRAUE, M. E.; WALSH, D.J. *Studying children in context:* theories, methods, and ethics. Thousand Oaks, CA: Sage Publications, 1998.

GREEN, J. L. Teaching and Learning as Linguistic Process: a state of the art. *In*: GORDON, E. (Ed.). *Review of Research in Education,* v.10. Washington, D.C.: American Educational Research Association, 1983. p. 151-254.

GREEN, J.; BLOOME, D. Ethnography and ethnographers of and in education: A situated perspective. *In*: FLOOD, J., HEATH, S.B.; LAPP, D. (Ed.). *Handbook for literacy educators:* research in the communicative and visual arts. New York: Macmillan, 1997.

GREEN, J.; DIXON, C. Introduction to talking knowledge into being: discursive and social practices in classrooms. *Linguistics and Education.* 5 (3;4), p. 231-239. 1993.

GREEN, J.; FRANQUIZ, M.; DIXON, C. The myth of the objective transcript: Transcribing as a situated act, *TESOL Quarterly,* 31 (1), p. 172-176, 1997.

GREEN, J.; DIXON, C.; ZAHARLIC, A. Ethnography as a logic of inquiry. *In*: FLOOD, J., LAPP, D. (Ed.). *Handbook of research on teaching in the communicative and visual arts.* New York: Macmillan, 2001. p. 181-202.

GREEN, J. L.; HARKER, J. O. Gaining access to learning. *In*: WILKINSON, L. C. (Ed.). *Communicatingin the classroom.* New York: Academic Press, 1982, p. 46-76.

GREEN, J., HARKER, J.; GOLDEN, J. Lesson construction: differing views. *In*: NOBLIT, G.; PINK, W. (Ed.). *Schooling in the social context.* Norwood, NJ: Ablex, 1986. p. 46-77.

GREEN, J., KANTOR, R.; ROGERS, T. Exploring the complexity of language and learning in the classroom. *In*: JONES, B.; IDOL, L. (Ed.). *Dimensions of thinking and cognitive instruction.* Educational values and cognitive instruction: Implications for reform. Hillsdale, NJ: Erlbaum, 1990, p. 333-364. v. II.

GREEN, J.; KELLY, G. The social nature of knowing: toward a sociocultural perspective on conceptual change and knowledge construction. *In*: GUZZETTI, B.; HYND, C. (Ed.), *Theoretical perspectives on conceptual change.* Mahwah, NJ: Lawrence Erlbaum Associates, 1998.

GREEN, J. L.; MEYER, L. A. The embeddedness of reading in classroom life. *In*: BAKER, C.; LUKE, A. (Ed.). *Towards a critical sociology of reading pedagogy*. Philadelphia: John Benjamins, 1991. p. 141-160.

GREEN, J. L.; WALLAT, C. What is an instructionalcontext? An exploratory analysis of conversational shifts across time. *In*: GARNICA, O.; KING, M. (Ed.), *Language, children, and society*. New York: Pergamon, 1979. p. 159-174.

GREEN, J. L.; WALLAT, C. Mapping instructionalconversations: a sociolinguisticethnography. *In*: GREEN, J.; WALLAT, C. (Ed.). *Ethnography and Languages in Educational Settings* Norwood, NJ: Ablex, 1981. p. 161-195.

GUMPERZ, J. *Discourse strategies*. Cambridge: Cambridge University Press, 1982a.

GUMPERZ, J. (Ed.). *Language and social identity*. Cambridge: Cambridge University Press, 1982b.

GUMPERZ, J. Interactive sociolinguisticson the study of schooling. *In*: COOK-GUMPERZ, J. (Ed.). *The social constructionof literacy*. New York: Cambridge University Press, 1986. p. 45-68.

GUMPERZ, J. Contextualizationand understanding. *In*: DURANTI, A.; GOODWIN, C. (Ed.). *Rethinkingcontext*: language as an interactivephenomenon. Cambridge: Cambridge University Press, 1994. p. 229-252.

GUMPERZ, J.; HYMES, D. (Ed.). *Directions in sociolinguistics*: the ethnography of communication. New York: Basil Blackwell, 1986.

GUTIERREZ, K.; STONE, L. A cultural-historicalview of learning and learning disabilities: participatingin a communityof learners. *Learning Disabilities Research and Practice*, 12(2), p. 123-131, 1997.

HEAP, J. What counts as reading? Limits to certainty in assessment. *CurriculumInquiry*, 10(3), p. 265-292, 1980.

HEAP, J. A situated perspective on what counts as reading. *In*: BAKER, C.; LUKE, A. (Ed.), *Towards a critical sociology of reading pedagogy*. Philadelphia: John Benjamins, 1991, p. 103-139.

HEATH, S. B. Ethnography in education: defining the essentials. *In*: GILLMORE, P.; GLATTHORN, A. A. (Ed.). *Childrenin and out of school*: ethnography and education. Washington: Center for Applied Linguistics, 1982. p. 33-55.

HEATH, S. B. *Ways with words*: language, life and work in communities and classrooms. Cambridge: Cambridge University Press, 1983.

HERAS, A. I. The constructionof understandingin a sixth grade bilingual classroom. *Linguistics and Education*, 5 (3;4), p. 275-299, 1993.

HICKS, D. Discourse, learning, and teaching. *In*: APPLE, M. (Ed.). *Review of research in education.* Washington: AERA, 1995. p. 49-95.

HYMES, D. The state of the art in linguistic anthropology. *In*: WALLACE, A. F. C. (Ed.). *Perspectives on anthropology* Washington: American Anthropology Associaton, 1977. p. 48-69.

IVANIC, R. I is for interpersonal:discoursal constructionof writer identities and the teaching of writing. *Linguistics and Education*, 6, p. 3-15, 1994.

IVANIC, Roz *et al.* Bringing ourselves into our writing. *RaPAL Bulletin* n. 28-29, p. 2-8, aut.1995/1996.

JOHN-STEINER, V.; MAHN, H. Sociocultural approaches to learning and development: a vygotskian framework. *Educational Psychologist*, p. 191-206, 1997.

JOHN-STEINER, V., PANOFSKY, C.; SMITH, L. (Ed.). *Sociocultural approaches to language and literacy*: an interactionist perspective. New York: Cambridge University Press, 1994.

KANTOR, R.; GREEN, J.; BRADLEY, M.; LIN, L. The construction of schooled discourse repertoires: an interactional sociolinguistics perspective on learning to talk in preschool. *Linguistics and Education*, 4, p. 131-172, 1992.

KELLY, G.; CRAWFORD, T. Students' interactions with computer representations: analysis of discourse in laboratory groups. *Journal of Research in Science Teaching*, 33(7), p. 693-707, 1996.

KELLY, G. CRAWFORD, T.; GREEN, J. Common task and uncommon knowledge: dissenting voices in the discursive construction of physics across small laboratory groups. *Linguistics and Education*, special issue on language and cognition. 1997.

KELLY, G. J.; GREEN, J. The social nature of knowing: toward a sociocultural perspective on conceptual change and knowledge construction. *In*: GUZZETTI, B.; HYND, C. (Ed.). *Theoretical perspectives on conceptual change*. Mahwah, NJ: Lawrence Erlbaum Associates. 1998.

KHRISTEVA, J. *Desire in language*: a semiotic approach to literature and art. (T. Gora, A. Jardine; L. Roudiez, Trans). New York: Columbia University Press, 1980.

LAMPERT, M. Knowing, doing, and teaching mathematics. *Cognition and Instruction*, 3, p. 305-342, 1986.

LEMKE, J. *Talking science*: language, learning and values. Norwood, NJ: Ablex, 1990.

LIMA, E. Culture revisited: Vygotsky's ideas in Brazil. *Anthropology & Education Quarterly*, 26 (4), p. 443-457, 1995.

LOPES, L. P. M. *Identidades fragmentadas* Campinas: Mercado de Letras, 2002.

LIN, L. Language of and in the classroom: constructing the patterns of social life. *Linguistics and Education,* 5 (3;4), p. 367-409, 1993.

MARSHALL, H. H. Seeing, redefining, and supporting student learning. *In*: MARSHALL, H. H. (Ed.). *Redefining student learning.* Norwood, NJ: Ablex, 1992, p.1-32.

MECACCI, L. Introduzione. *In*: *Vygotskij*: antologia di scritti, a cura ki Luciano Mecacci. Cologna: Il Mulino, 1983.

MEHAN, H. *Learning lessons* Cambridge, MA: Harvard University Press, 1979.

MEHAN, H. The structure of classroom events and their consequences for student performance. *In*: GILMORE, P.; GLATTHORN, A. (Ed.). *Children in and out of school*: ethnography and education. Washington: Center for Applied Linguistics, 1982, p. 59-87.

MERTON, R. K. *The sociology of science*: theoretical and empirical investigations. Chicago: University of Chicago Press, 1973.

MISLER, E. G. Meaning in context: is there any other kind? *Harvard Educational Review*, 49, p. 1-19, 1979.

MITCHELL, J. C. Case and situation analysis. *Sociological Review*, 31(2), p. 187-211, 1983.

MITCHELL, J. C.. Typicality and the case study. *In*: ELLENS, R. F. (Ed.). *Ethnographic research*: a guide to general conduct New York: Academic Press, 1984. p. 238-241.

MOLL, L. C. Literacy research in community and classrooms: a sociocultural approach. *In*: BEACH, R.; GREEN, J.; KAMIL, M.; SHANAHAN, T. (Ed.). *Multiple disciplinary perspectives on literacy research* Urbana, IL: NCRE ; NCTE, 1992.

OCHS, E. Transcription as theory. *In*: OCHS, E.; SCHEFFLIN, B. B. (Ed.). *Developmental pragmatics* New York: Academic, 1979. p. 43-72.

PATO, M. H. S. *A produção do fracasso escolar*: São Paulo: T. A. Queiroz, 1990.

PHILIPS, S. Invisible culture: communication in classroom and community on the Warm Springs Indian Reservation. *In*: CAZDEN, C.; JOHN, V.; HYMES, D. (Ed.). *Functions of language in the classroom.* Prospect Heights, IL: Waveland Press, Inc., 1972.

PUTNEY, L. G. You are it: meaning making as a collective and historical process. *Australian Journal of Language and Literacy*, 19(20), p. 129-143, 1996.

PUTNEY, L. G. *Collective-individual development in a fifth grade bilingual classroom*: an interactional ethnographic analysis of historicity and consequentiality1997. (Doutorado em Educação) – Gevirtz Gaduate School of Education, University of California, Santa Barbara, 1997.

PUTNEY, L.; GREEN, J.; DIXON, C.; DURAN, R.; YEAGER, B. Consequential progressions: exploring collective-individual development in the classroom. *In*: SMAGORINSKY, P.; LEE, C. (Ed.). *Constructingmeaning through collaborative inquiry*: Vigotskian perspective on literacy research. Cambridge: Cambridge University Press, 2000. p. 86-126.

SANTA BARBARA CLASSROOM DISCOURSE GROUP. Constructingliteracy in classrooms: literate action as social accomplishment. *In*: MARSHALL, H (Ed.). *Redefiningstudentlearning* rootsof educationalchange. Norwood, NJ: Ablex, 1992a, p. 119-150.

SANTA BARBARA CLASSROOM DISCOURSE GROUP. Do you see what we see? The referential and intertextualnature of classroom life. *Journal of ClassroomInteraction*.27 (2), p. 29-36, 1992b.

SANTA BARBARA CLASSROOM DISCOURSE GROUP ConstructingLiteracy in Classrooms: literate action as social accomplishment. *In*: MARSHALL, H. (Ed.). *Redefining student learning* roots of educational changing. Norwood: Ablex, 1993. p. 119-150.

SANTA BARBARA CLASSROOM DISCOURSE GROUP. Two languages, one community: an examination of educational possibilities. *In*: MACIAS, R.; GARCIA, R. (Ed.). *Changing schools for changing students* an anthology of research on language minorities. Linguistic Minority Research Institute 1994.

SCHUTZ, A. *Collectedpapers I*: the problem of social reality. The Hague: Martinus Nijhoff, 1971.

SHEPEL, E. N. L. Teacher self-identification in culture from Vygotsky's developmentalperspective. *Anthropology & EducationQuarterly*, 26(4), p. 425-442, 1995.

SPRADLEY, J. P. *The ethnographicinterview*. New York: Holt, Rinehart and Winston, 1979.

SPRADLEY, J. *Participant observation*. New York: Holt, Rinehart; Winston, 1980.

STRIKE, K. A. On the expressive potential of behaviorist language. *American Educational Research Journal*, 11(2), p. 103-120, 1974.

STRIKE, K. A. Liberalism and Marxism as Research Programs. *In*: STRIKE, K.A. *Liberal justice and marxism critique of education* a study of conflicting research programs. New York, Routledge, 1989.

TUYAY, S.; JENNINGS, L.; DIXON, C. Classroom discourse and opportunities to learn: an ethnographic study of knowledge constructionin a bilingual third grade classroom. *Discourse Processes*, 19 (1), p. 75-110, 1995.

WALLAT, C.; GREEN, J. L. Mapping instructionalconversations: a sociolinguistic ethnography.*In*: GREEN, J. L.; WALLAT, C. (Ed.). *Ethnography and language in educational settings* Norwood: Ablex Publishing Corporation,p. 161-208, 1982.

WALLON, H. *De lácte a la pensee*. Paris: Flammarion, 1942.

WALLON, H. *Psicología e educação na infânica*. Lisboa: Editorial Estampa, 1975.

WEADE, G. Locating learning in the times and spaces of teaching. *In*: MARSHALL, H. H. (Ed.). *Redefining studentlearning* roots of educational change. Norwood, NJ: Ablex, 1992. p. 87-118.

WERTSCH, J. *Voices of the mind, a socioculturalapproach to mediated action*. Cambridge, MA: Harvard University Press, 1991.

WITTGENSTEIN, L. Philosophical Investigations. (G. E. M. Anscombe, Trans.). New York: Macmillan Publishing, 1958.

YEAGER, B. Constructinga community of inquirers. *Primary voices K-6*, v. 7, n. 3, p. 37-52, 1999.

YEAGER, B.; FLORIANI, A.; GREEN, J. Learning to see learning in the classroom: developing an ethnographic perspective. *In*: BLOOME, D.; EGAN-ROBERTSON, A. (Ed.) *Studentsas researchersof cultureand language in their own communities*.Cresskill, NJ: Hampton Press, 1996.

YEAGER, B.; PATTENAUDE, I.; FRANQUIZ, M.; JENNINGS, L. Rights, respect, and responsibility: toward a theory of action in two bilingual classrooms. *In*: ROBINSON, J. (Ed.). *Elementaryvoices*: teaching about genocide and intolerance. Champaign-Urbana, IL: National Council of Teachers of English, 1999.

ZAHARLICK, A.; GREEN, J. Ethnographic research. *In*: FLOOD, J.; JENSEN, J.; LAPP, D.; SQUIRE, J. (Ed.). *Handbook on teaching the English language arts*. New York: Macmillan, 1991, p. 205-225.

ZELINSKY, P. O. *Rumpelstiltskin* Nova York: Dutton, 1986.

Qualquer livro do nosso catálogo não encontrado nas livrarias pode ser pedido por carta, fax, telefone ou pela Internet.

Rua Aimorés, 981, 8º andar – Funcionários
Belo Horizonte-MG – CEP 30140-071

Tel: (31) 3222 6819
Fax: (31) 3224 6087
Televendas (gratuito): 0800 2831322

vendas@autenticaeditora.com.br
www.autenticaeditora.com.br

Este livro foi composto com tipografia Gatineau, e impresso em papel Off Set 75 g. na Del Rei Gráfica e Editora.